Franz Laub

1. und 2. Thessalonicherbrief

Echter Verlag

CIP-Kurztitelaufnahme der Deutschen Bibliothek

Die Neue Echter Bibel. – Würzburg : Echter Verlag
Kommentar zum Neuen Testament mit der Einheitsübersetzung / hrsg. von
Joachim Gnilka und Rudolf Schnackenburg
Bd. 13. Laub, Franz: 1. [Erster] und 2. Thessalonicherbrief. – 1985
NE: Gnilka, Joachim [Hrsg.]; Abt.

Laub, Franz:
1. [Erster] und 2. Thessalonicherbrief /
Franz Laub. – Würzburg : Echter, 1985
(Die Neue Echter Bibel : Kommentar zum Neuen Testament
mit der Einheitsübersetzung ; Bd. 13)
ISBN 3-429-00947-2

Gesamtherstellung: Echter Würzburg,
Fränkische Gesellschaftsdruckerei und Verlag GmbH
ISBN 3-429-00947-2

Franz Laub

1. und 2. Thessalonicherbrief

EINLEITUNG

Nach dem sogenannten Apostelkonzil in Jerusalem mit seinen Vereinbarungen in der Frage der gesetzesfreien Heidenmission (Gal 2^{1-10}; vgl. Apg 15) und nach dem Zerwürfnis in Antiochien wegen des Problems der Tischgemeinschaft von Juden- und Heidenchristen (Gal 2^{11-14}) beginnt Paulus mit seiner eigenständigen Mission. Von dieser Zäsur an datieren die uns bekannten Paulusbriefe.

1. Der Missionsweg nach Thessalonich

Im Jahr 49 macht Paulus sich erstmals auf den Weg nach Europa. Er durchquert Kleinasien und sieht sich in der Landschaft Galatien – der Region der heutigen Zentraltürkei – wegen einer Erkrankung zu einem längeren Aufenthalt gezwungen. In dieser Zeit gründet er die galatischen Gemeinden (Gal 4^{13f}). Die Fortsetzung der sicher mühsamen und entbehrungsreichen Reise führt direkt nach Westen in die Hafenstadt Troas. Von hier aus setzt Paulus nach Europa über. Das Wissen um die Tragweite dieser missionarischen Pioniertat bringt der Verfasser der Apg dadurch zum Ausdruck, daß er Paulus bei seiner Entscheidung von einer nächtlichen Traumvision geleitet sein läßt: Ein Makedonier steht da und bittet: »Komm herüber nach Makedonien und hilf uns« (Apg 16^{9}). Im makedonischen Philippi gelingt es Paulus denn auch sogleich, seine erste Gemeinde auf europäischem Boden zu gründen. Öffentliche Tumulte, bei denen der Apostel mit seinen Begleitern schwer mißhandelt (1 Thess 2^{2a}) und vor die Stadtbehörde gebracht wird (Apg 16^{19}), bereiten dem Wirken in Philippi ein jähes Ende. So erreicht Paulus um 49/50 auf der Via Egnatia, der Fortsetzung der Via Appia in den Osten des römischen Imperiums, die makedonische Stadt Thessalonich, ungefähr 150 km südwestlich von Philippi gelegen.

Begleitet wurde Paulus bei seinem Missionsunternehmen in Europa von Silvanus und Timotheus (vgl. 2 Kor 1^{19}). Beide erscheinen denn auch als Mitabsender des 1 Thess. Silvanus ist identisch mit dem Silas der Apg. Wie Paulus besaß er das römische Bürgerrecht (Apg 16^{37}), war also Diaspora-Jude. Das erklärt wie bei Saul/Paulus den Doppelnamen Silas/Silvanus. Timotheus ist der in den Paulusbriefen am häufigsten genannte Mitarbeiter des Apostels.

2. Das antike Thessalonich

Der makedonische Diadochenkönig Kassandros gründete 315 v. Chr. die Stadt und nannte sie nach dem Namen seiner Gattin, einer

Schwester Alexanders des Großen, Thessalonich. Die günstige Lage am nordöstlichen Ufer des Meerbusens von Therme, der hier einen ausgezeichneten Naturhafen bildet, und an der Via Egnatia, der ostwestlichen Verkehrsader zu Land, sicherten Thessalonich eine wirtschaftliche, politische und kulturelle Bedeutung, die es auch bei wechselnden politischen Verhältnissen nicht mehr eingebüßt hat. Als Makedonien 168 v. Chr. seine Unabhängigkeit an Rom verlor und 148 zur römischen Provinz erklärt wurde, rückte Thessalonich zur Provinzhauptstadt mit dem Sitz eines Prokonsuls auf. Die Stadt selbst erhielt den Status einer civitas libera, einer freien Stadt. Damit blieben ihr die Organe einer demokratischen Selbstverwaltung erhalten. In der Schilderung des Aufruhrs gegen Paulus in Thessalonich erweist sich der Verfasser der Apg als Kenner der kommunal-rechtlichen Situation hellenistischer Städte unter römischer Oberhoheit (17^{5-9}). Entsprechend dem politischen und wirtschaftlichen Rang Thessalonichs waren nach Auskunft des Inschriftenmaterials so gut wie alle Nationalitäten des römischen Imperiums unter der Stadtbevölkerung vertreten. Ähnlich bunt ist dann auch die Palette der in der Stadt ausgeübten religiösen Kulte, neben Inschriften auch durch zahlreiche Münzfunde belegt (vgl. Ellinger 96ff). Der Kaiserkult ist schon für die frühe Kaiserzeit bezeugt, mithin also auch für die Zeit der paulinischen Mission in Thessalonich. Besonderen Zulaufs erfreuten sich offensichtlich die privaten Kultgenossenschaften, die Thiasoi, die aus dem Osten in das Imperium vordrangen und zu denen für den Außenstehenden zunächst auch das Christentum zählte. Wenn daher Paulus das Gläubigwerden der Thessalonicher als Hinwendung »zu Gott weg von den Götzen« bezeichnet (1^{9}), dann hat das einen sehr realen und konkreten Hintergrund. Und sicher war es der Bruch mit der religiösen Konvention in der Stadt, was der neubekehrten Gemeinde sehr schnell die Feindseligkeit ihrer Mitbürger einbrachte (2^{14}). Zu den hellenistischen Formen von Religiosität kommt nach Auskunft von Apg 17^{1} noch eine Synagoge mit einer offenkundig starken und einflußreichen jüdischen Diasporagemeinde. Das entspricht dem, was wir auch sonst vom Diasporajudentum in den Großstädten des römischen Imperiums in etwa wissen.

3. *Die Gemeindegründung*

Im Jahr 49 oder 50 kommt Paulus mit seinen Begleitern Silvanus und Timotheus in Thessalonich an. Hinter ihm liegt eine erfolgreiche Tätigkeit in Philippi, die aber mit einem offiziellen Vorgehen gegen ihn und mit schweren Mißhandlungen endet (2^{2}; vgl. Apg 16^{11-40}). Trotzdem riskiert der Apostel nach seiner Ankunft in Thessalonich mit Erfolg sofort wieder einen neuen Anfang (1^{6} 2^{1f}). Wie ein solcher Anfang konkret aussah, läßt 1 Thess 2^{9} erahnen. Paulus redet an dieser

Stelle davon, er habe Tag und Nacht gearbeitet, um keinem zur Last zu fallen. Das heißt nichts anderes, als daß er sich nach seiner Ankunft in Thessalonich zunächst einmal nach einer Arbeit und natürlich auch nach einer Unterkunft umsehen mußte – mit dem Status eines Xenos, d.h. eines Fremden, in einer antiken Stadt sicher eine nicht ganz einfache Situation. Das Einkommen war denn auch so karg, daß Paulus die materielle Unterstützung aus Philippi dankbar annahm (Phil 4^{15f}). Raum für die eigentliche missionarische Tätigkeit blieb da nur außerhalb der Arbeitszeit, sofern der Apostel nicht direkt an seinem Arbeitsplatz den missionarischen Kontakt mit den Leuten suchte. Die Botschaft, mit der er sich – zumindest in Thessalonich – an die Menschen wandte, ist in 1^{9f} wie in einer Kurzfassung wiedergegeben: Bekehrung zum lebendigen und wahren Gott und das Tun seines Willens (vgl. 4^{1-10}), die Erwartung des Kommens des auferweckten Gottessohnes vom Himmel her, der in seiner Parusie die Seinen im bevorstehenden Weltgericht rettet.

Man kann an diesem Evangelium ablesen, daß die Gemeinde, die sich so zusammenfand, heidenchristlich gewesen sein muß. Denn Juden brauchte man ja nicht zum Monotheismus zu bekehren. Selbst wenn die schematisierende Darstellung der paulinischen Missionspraxis in der Apg zutreffen sollte, wonach Paulus sich zuerst immer an die Synagoge wandte, so war dem in Thessalonich jedenfalls kein Erfolg beschieden. Entgegen Apg 17^{4} bildeten nicht ehemalige Juden und gottesfürchtige, d.h. zum jüdischen Monotheismus sich bekennende Griechen, »unter ihnen etliche vornehme Frauen«, die anfängliche Gemeinde, sondern aus dem hellenistischen Götterglauben gewonnene Leute der ärmeren Volksschichten. Der tägliche Broterwerb war für sie offensichtlich nicht unproblematisch (4^{11f}). Um ihnen eine zusätzliche Belastung zu ersparen und das Evangelium nicht in schiefes Licht zu bringen, hat Paulus sich in harter körperlicher Arbeit den Lebensunterhalt lieber selber verdient (2^{9}).

Über die zahlenmäßige Größe der so entstandenen Gemeinde ist man auf reine Vermutungen angewiesen. Wenn der Apostel sich mit jedem einzelnen abgeben konnte (2^{11f}), wird man sie sich nicht allzu zahlreich vorstellen dürfen, einige Dutzend höchstens. Allerdings hob sie sich sogleich in einer Deutlichkeit von ihrer Umwelt ab, daß Feindseligkeiten ihr gegenüber die Reaktion waren (1^{6} 2^{14}).

Wie lange der Gründungsaufenthalt in Thessalonich gedauert hat, ist nur annäherungsweise zu bestimmen. Etwa drei oder vier Wochen, wie Apg 17^{2} voraussetzt, ist sicher zuwenig. In so kurzer Zeit kann eine neugegründete Gemeinde, die sich ja nicht von heute auf morgen zusammenfindet, kaum den Status erreichen, von dem 1 Thess zeugt. Auch das innige Verhältnis zwischen Apostel und Gemeinde, von dem der ganze erste Briefteil (1–3) redet, setzt doch wohl einen längeren vertrauten Umgang miteinander voraus. Einen längeren Zeitraum fordert nicht zuletzt die Hilfssendung, die die Gemeinde in dem 150 km entfernten Philippi mindestens zweimal für Paulus in Thessalonich organisierte (vgl. Phil 4^{15f}). Andererseits ist davon auszugehen, daß der Apostel spätestens im Herbst 50 in Korinth ankommt und die Reiseroute zwischen Thessalonich und Korinth vermutlich doch etwas komplizierter und langwieriger war, als Apg 17^{10-15} 18^{1} sie zeichnet (s. u. 4.1). Man wird dann für den Gründungsaufenthalt in Thessalonich etliche Monate, vielleicht ein halbes Jahr ansetzen können.

4. Probleme der Abfassungsverhältnisse und der Einheitlichkeit des 1 Thess

Paulus reflektiert im schriftlichen Gespräch mit seiner Gemeinde in 1 Thess 1–3 den ganzen Zeitabschnitt seit Gemeindegründung bis zur Abfassung des Briefes. Daher vermag gerade bei diesem Paulusdokument die Klärung der Abfassungsverhältnisse ganz Wesentliches zu seinem Verständnis beizutragen. Dabei überlagern sich Fragen der Chronologie der paulinischen Mission und literarkritische Probleme hinsichtlich der Einheitlichkeit des 1 Thess.

4.1. Die Abfassungssituation

Entgegen Apg 17^{5-10} macht 1 Thess nirgends eine Anspielung darauf, daß Paulus in Thessalonich Nachstellungen seiner jüdischen Landsleute ausgesetzt gewesen wäre. Hätte sich solches ereignet, wäre es in einem Brief sicher nicht unerwähnt geblieben, der so intensiv wie 1 Thess 1–3 die Ereignisse seit Gemeindegründung reflektiert. Man wird also davon auszugehen haben, daß Paulus seinen Aufenthalt in Thessalonich nicht abrupt hat abbrechen müssen, sondern daß er aus eigenem Antrieb nach neuen Zielen aufgebrochen ist. Damit rückt die ganze Sache aber in ein etwas anderes Licht, vor allem was das Reiseziel betrifft (vgl. Suhl 92–96).

In Röm 15^{19} sagt Paulus, daß er bis nach Illyrien das Evangelium gebracht habe. Im gleichen Zusammenhang versichert er, seit Jahren schon sei es sein Wunsch gewesen, nach Rom zu gelangen, nur sei er immer wieder davon abgehalten worden (15^{22f}). Ein Vordringen des Paulus vom Osten bis Illyrien, d. h. bis zur Adria hin, hat der Forschung schon immer viel Kopfzerbrechen bereitet, weil es dafür sonst keine Spuren und Hinweise gibt. Will man die Aussage »von Jerusalem und Umgebung bis Illyrien« nicht nur in einem mehr bildlichen, hyperbolischen Sinn als Umschreibung für den ganzen Osten des römischen Imperiums verstehen, sondern ist sie von Paulus schon einigermaßen wörtlich im geographischen Sinn gemeint, dann bleibt für einen Vorstoß bis Illyrien chronologisch kaum ein anderer Raum als der Zusammenhang mit dem Aufbruch von Thessalonich. Damit könnte nun auch die Zusicherung des Apostels zu tun haben, schon

»seit vielen Jahren« sei Rom sein Reiseziel. Der Römerbrief dürfte um das Jahr 56 geschrieben sein, vielleicht etwas früher, vielleicht etwas später. Der Gründungsaufenthalt in Thessalonich fällt in den Zeitraum 49/50. Daher kann die Notiz »seit vielen Jahren« von Röm 15^{23} durchaus so interpretiert werden, daß Paulus schon damals die Absicht hegte, nach Rom zu gelangen. Möglicherweise war sogar schon das Übersetzen nach Europa von dieser Absicht motiviert. Es spricht daher manches dafür, daß der Apostel von Thessalonich aus sich nicht nach Süden wandte, sondern daß er auf der Via Egnatia nach Westen weiterzog und bis Illyrien an der Adria gelangte.

Trifft dies zu, dann läßt sich mit einem Datum aus der Profangeschichte plausibel machen, warum Paulus nicht nach Italien übersetzte, um von Brundisium aus auf der Via Appia Rom zu erreichen. Im Jahr 49 erließ Kaiser Claudius das berühmte Juden-Edikt, das viele Juden zwang, Rom zu verlassen. Paulus kann über diese Vorgänge in Illyrien von Ausgewiesenen selbst erfahren haben. Die neue Situation, vor der er sich plötzlich sieht, nötigt ihn, Rom als Missionsziel zunächst aufzugeben und in Griechenland zu bleiben. Jetzt erst fällt vermutlich die Entscheidung zugunsten Athens und Korinths. Das würde bedeuten, daß Paulus nun an der Westküste Griechenlands nach Süden zu gelangen trachtet. Mit seiner persönlichen Lage war es in dieser Phase seiner Mission sicher nicht zum besten bestellt. Zur Ungewißheit, wie es mit seinem Missionswerk überhaupt weitergehen würde, kamen wohl auch finanzielle Probleme. Eine Unterstützung seitens seiner Gemeinden war in der gegenwärtigen Situation ja nicht möglich.

Zu diesem Zeitpunkt dürfte jene Beunruhigung und Sorge um die junge Gemeinde in Thessalonich aufgebrochen sein, die die Zeilen 1 Thess 2^{17}–3^{5} erahnen lassen und die im Apostel den Entschluß reifen ließen, nach Thessalonich zurückzukehren. Man braucht nur einen Blick auf die Wirtschaftskarte des römischen Imperiums mit seinen Verkehrsadern zu werfen, um zu begreifen, wie schwierig allein schon aus dieser Perspektive das Unterfangen gewesen sein muß, von der Westküste Griechenlands in nordöstlicher Richtung ins Landesinnere zu gelangen. Gefährdungen, wie Paulus sie im Rahmen seiner sogenannten Narrenrede 2 Kor 11$^{16-33}$ in $^{23-27}$ auflistet, dürfen hier ohne weiteres in die Überlegungen miteinbezogen werden. Auf dem Hintergrund dieses Bildes, das Paulus von der erbarmungslosen Alltagsrealität eines urchristlichen Wandermissionars seines Zuschnitts zeichnet, ist es nicht mehr schwer zu begreifen, wenn der nämliche Paulus in 1 Thess 2^{18} beklagt, der Satan habe ihn wiederholt daran gehindert, die Gemeinde in Thessalonich aufzusuchen. Im missionstheologischen Verständnis des Apostels ist das, was das eschatologische Ereignis der Evangeliumsverkündigung behindert, ja immer Werk des Widersachers der im Evangelium offenbar gewordenen Liebe Gottes.

Aus dieser bedrängenden Situation heraus nimmt Paulus, in Athen angekommen, die Möglichkeit wahr, Timotheus nach Thessalonich zu schicken (1 Thess $3^{1f.5}$). Er selber geht inzwischen nach Korinth, wo er mit dem zurückkehrenden Timotheus dann wieder zusammentrifft (1 Thess 3^{6} Apg 18^{5}). Mit Timotheus kommen vermutlich jene »Brüder von Makedonien her«, die nach 2 Kor 11^{8f} den Apostel in der Anfangszeit seines Aufenthalts in Korinth aufsuchten, um ihm eine finanzielle Unterstützung zu überbringen. Es kann sich dabei nur um eine jener Hilfssendungen der Gemeinde in Philippi handeln, deren sich Paulus in Phil $4^{10.15f}$ dankbar erinnert.
Mit der Rückkehr des Timotheus und der Gesandtschaft aus Philippi ändert sich nun aber die Situation des Apostels schlagartig ins Positive. Wichtiger noch als die materielle Unterstützung aus Philippi, die es Paulus ermöglichte, sich intensiver seiner missionarischen Aufgabe zuzuwenden (vgl. Apg 18^{5}), war wohl die Nachricht über die erfreuliche gemeindliche Entwicklung in Thessalonich (3^{6-10}). Denn damit war Paulus die niederdrückenden Selbstzweifel, seine ganzen missionarischen Anstrengungen könnten ins Leere laufen und gelaufen sein, zunächst einmal los ($3^{5.8}$). Zudem war ihm als Missionar damit nach außen der Rücken gestärkt. Denn ein so positives Echo paulinischer Missionstätigkeit, wie es von der Gemeinde in Thessalonich ausging, war für den Apostel selbst die beste Empfehlung andernorts. Seine Sache warb jetzt für sich selbst (1^{7-10}).
Aus der skizzierten Situation heraus ist nun auch 1 Thess geschrieben, und von daher versteht sich auch die Eigenart der ersten drei Kapitel als ein überaus herzliches und persönliches Gespräch des Apostels mit seiner Gemeinde. Sie lesen sich wie ein großes Aufatmen. Dabei läßt Paulus immer wieder durchblicken, wieviel für seine eigene missionarische Existenz daran hängt, daß die Evangeliumsverkündigung in Thessalonich diesen Verlauf vom Anfang bis jetzt genommen hat (vgl. 1^{8f} 2^{19} 3^{7f}).

4.2. Literarkritische Probleme und die Frage nach der Einheitlichkeit des 1 Thess

Die Auslegung des 1 Thess stößt verschiedentlich auf literarkritische Probleme, die immer wieder die Frage aufkommen lassen, ob es sich bei diesem Schreiben nicht um die Komposition eines späteren Redaktors aus ursprünglich zwei Paulusbriefen handelt. Immerhin sind solche Briefkompositionen wenigstens für 2 Kor und Phil nicht mehr in Abrede zu stellen. Hat unser heutiger 1 Thess eine ähnliche Überlieferungsgeschichte hinter sich, d.h. haben wir es bei ihm mit ursprünglich zwei Briefen nach Thessalonich zu tun, dann kann dieser Sachverhalt nicht allzuschwer aus den oben skizzierten Abfassungsverhältnissen heraus verständlich gemacht werden. Der eine Brief wäre unter dieser Voraussetzung dann ein Empfehlungsschreiben, das Paulus dem Timotheus mitgibt und in dem er seiner tiefsitzenden

Beunruhigung und Sorge um die Gemeinde in Thessalonich und um den Fortgang seines Missionswerkes überhaupt Ausdruck verleiht. Der andere Brief wäre die Reaktion des Apostels auf die positiven Nachrichten, die Timotheus aus Thessalonich mitbringt.

Literarkritisch fallen dabei folgende Beobachtungen ins Gewicht: Schon immer mußte die Auslegung damit zurechtkommen, daß in 3^{11-13} nach Form und Inhalt eigentlich Elemente eines Briefschlusses vorliegen. Mit 5^{23-28} hätten wir damit zwei Briefschlüsse. Andererseits setzt 2^{13} erneut mit einer Danksagung ein, wie man sie sonst formal und inhaltlich an sich nur im Briefeingang erwartet, und dies, obwohl mit der Apologie des paulinischen Evangeliums 2^{1-12} das Proömium deutlich verlassen ist. Sprachlich erweist sich der Übergang von 2^{12} zu 2^{13} im griechischen Text denn auch als sehr schwierig. Mit einiger Berechtigung könnte man also nicht nur von zwei Briefschlüssen, sondern auch von zwei Briefeingängen reden.

Zu den literarkritischen Auffälligkeiten kommen etliche inhaltliche hinzu. In 2^{17}–3^{4}, besonders in 3^{1-4}, formuliert Paulus seine Sorge so, als ob er von dem positiven Stand der Gemeinde, von dem er in 3^{6-10} redet, noch nichts wüßte. Das legt die Möglichkeit nahe, daß wir es mit zwei unterschiedlichen Briefsituationen zu tun haben. Wenn man sehr kritisch ist, könnte man sich auch an der Abfolge der mahnenden und belehrenden Abschnitte der Kapitel 4 und 5 stoßen. Denn zwischen die zwei ziemlich allgemein gehaltenen Paränesen 4^{1-12} und 5^{12-22}, die gut aneinander anschlössen, schieben sich die gewichtigen eschatologischen Themen 4^{13-18} und 5^{1-11}, die als Antworten auf Nachrichten aus der Gemeinde zu werten sind.

Will man aufgrund der literarkritischen Argumente aus unserem heutigen 1 Thess zwei Briefe des Paulus an die Gemeinde in Thessalonich rekonstruieren, dann müßte man jene Abschnitte, aus denen Sorge und Niedergedrücktheit sprechen, dem Brief zuteilen, den Paulus aus seiner schwierigen Situation heraus dem Timotheus von Athen aus als Empfehlungsschreiben mitgab, etwa die Situationsschilderung 2^{17}–3^{4} oder die Apologie des paulinischen Evangeliums 2^{1-12}. Dort, wo dankbare und freudige Erleichterung die Feder führt, hätten wir es dann mit der Reaktion auf die guten Nachrichten zu tun, die Timotheus aus Thessalonich mitbringt, etwa das umfangreiche Proömium 1^{2-10} und die dankbare Freudenbekundung über die gemeindliche Entwicklung 3^{6-10}. Von Informationen aus der Gemeinde veranlaßt sind sicher auch die eschatologischen Themen 4^{13-18} und 5^{1-11}.

5. Aufbau, Inhalt und Eigenart des 1 Thess

Neben Phlm und Phil zählt 1 Thess zu den kürzeren Paulusbriefen. Es fehlen ihm auch die großen Themen der paulinischen Hauptbriefe. Die Auslegung hat ihn daher nie sonderlich hoch eingeschätzt und sich um seine Besonderheit und sein theologisches Eigengewicht wenig gekümmert. Indes ist 1 Thess nicht nur der älteste uns bekannte Paulusbrief und das älteste Dokument christlicher Literatur überhaupt, das uns Einblick in eine Gemeinde des frühesten Christentums ermöglicht. Aufgrund der Abfassungssituation beleuchtet das Schreiben in Kap. 1–3 auf einmalige Weise theologisch das Verhältnis von Apostel und Gemeinde, wie es im Ereignis der Verkündigung des Evangeliums und seiner Annahme durch die Thessalonicher verankert ist.

Mit ihrem mahnenden und belehrenden Charakter heben sich die Schlußkapitel 4 und 5 merklich vom Vorausgehenden ab. Inhaltlich knüpfen sie an das an, was Paulus in 1^{9f} als seine Erstverkündigung in Thessalonich skizziert. Wenn Bekehrung zu dem einen Gott zugleich bedeutet, »dem lebendigen und wahren Gott zu dienen« (1^{9}), dann wird dies in 4^{1-12} unter dem Vorzeichen »Gottes Wille: eure Heiligung« (4^{3a}) in konkreter Einzelparänese entfaltet. Dabei beruft sich Paulus ausdrücklich auf seine mündliche Verkündigung (4^{2}). Themen, die sich aus der Parusie-Botschaft (1^{10}) ergeben, werden in 4^{13}–5^{11} erörtert. Die intensive Naherwartung, die sich in 4^{13}–5^{11} und anderen Stellen wie 1^{10} 2^{19} 3^{13} 5^{23} zu Wort meldet, trägt wesentlich zum theologischen Eigengewicht des 1 Thess bei. Konkrete Einzelparänese, die vor allem auf ein gedeihliches Miteinander in der Gemeinde zielt (5^{12-22}), bringt den zweiten Briefabschnitt zu Ende. Der Briefschluß, das Eschatokoll 5^{23-28}, gestaltet sich aus den üblichen Segenswünschen und Grüßen.

LITERATURHINWEISE

Kommentare zu beiden Thessalonicherbriefen: E. v. Dobschütz, Die Thessalonicher-Briefe (KEK 107), Göttingen ⁷1909 (= 1974); J. E. Frame, Critical and Exegetical Commentary on the Epistles of St. Paul to the Thessalonians (ICC), Edinburgh 1912; M. Dibelius, An die Thessalonicher I.II. An die Philipper (HNT 11), Tübingen ³1937; B. Rigaux, Saint Paul. Les Épîtres aux Thessaloniciens (EtB), Paris-Gembloux 1956; G. Friedrich, Die Briefe an die Thessalonicher (NTD 8), Göttingen 1981, 203–276.

Kommentare zum ersten Thessalonicherbrief: H. Schürmann, Der erste Brief an die Thessalonicher (GeiS 13), Düsseldorf 1962; H. Schlier, Der Apostel und seine Gemeinde. Auslegung des ersten Briefes an die Thessalonicher, Freiburg/Basel/Wien 1972; W. Marxsen, Der erste Brief an die Thessalonicher (ZBK), Zürich 1979.

Untersuchungen: E. Bammel, Judenverfolgung und Naherwartung. Zur Eschatologie des ersten Thessalonicherbriefes, in: ZThK 56 (1959) 294–315;

J. Becker, Auferstehung der Toten im Urchristentum (SBS 82), Stuttgart 1976; K. G. Eckart, Der zweite echte Brief des Apostels Paulus an die Thessalonicher, in: ZThK 58 (1961) 30–44; W. Elliger, Paulus in Griechenland. Philippi, Thessaloniki, Athen, Korinth (SBS 92/93), Stuttgart 1978; E. Fuchs, Die Zukunft des Glaubens nach 1 Thess 5,1–11, in: Ders., Glaube und Erfahrung (Ges. Aufs. III), Tübingen 1965, 334–363; W. Harnisch, Eschatologische Existenz. Ein exegetischer Beitrag zum Sachanliegen von 1 Thessalonicher 4,13–5,11 (FRLANT 110), Göttingen 1973; B. Henneken, Verkündigung und Prophetie im ersten Thessalonicherbrief. Ein Beitrag zur Theologie des Wortes Gottes (SBS 29), Stuttgart 1969; P. Hoffmann, Die Toten in Christus. Eine religionsgeschichtliche und exegetische Untersuchung zur paulinischen Theologie (NTA NF 2), Münster 1966, 207–238; W. G. Kümmel, Das literarische und geschichtliche Problem des ersten Thessalonicherbriefes, in: Neotestamentica et Patristica, Freundesgabe O. Cullmann (NT.S. VI), Leiden 1962, 213–227. Jetzt in: Ders., Heilsgeschehen und Geschichte. Gesammelte Aufsätze 1933–1964 (MThSt 3), Marburg 1965, 406–416; F. Laub, Eschatologische Verkündigung und Lebensgestaltung nach Paulus. Eine Untersuchung zum Wirken des Apostels beim Aufbau der Gemeinde in Thessalonike (BU 10), Regensburg 1973; W. Marxsen, Auslegung von 1 Thess 4,13–18, in: ThK 66 (1969) 22–37; O. Michel, Fragen zu 1 Thessalonicher 2,14–16: Antijüdische Polemik bei Paulus, in: Antijüdische Polemik im Neuen Testament? Exegetische und systematische Beiträge (ACJD 2), München 1967, 50–59; H.-M. Schenke – K. M. Fischer, Einleitung in die Schriften des Neuen Testaments I: Die Briefe des Paulus und Schriften des Paulinismus, Gütersloh 1978, 64–76; W. Schmithals, Die Thessalonicherbriefe als Briefkomposition, in: Zeit und Geschichte (Dankesgabe an R. Bultmann zum 80. Geburtstag, hrsg. v. E. Dinkler), Tübingen 1964, 295–315; ders., Die historische Situation der Thessalonicherbriefe, in: ders., Paulus und die Gnostiker (ThF 35), Hamburg 1965, 89–157; A. Suhl, Paulus und seine Briefe. Ein Beitrag zur paulinischen Chronologie, Gütersloh 1975.

ANSCHRIFT UND GRUSS: 1^{1}

1^{1} Paulus, Silvanus und Timotheus an die Gemeinde von Thessalonich, die in Gott, dem Vater, und in Jesus Christus, dem Herrn, ist: Gnade sei mit euch und Friede. 2 Thess 1^{1}

1^{1} Im schriftlichen Gespräch mit seinen Gemeinden hält Paulus sich an das antike Briefformular. Der präzis formulierte Briefeingang des frühesten paulinischen Schreibens ist beispielhaft dafür. Dieses sogenannte antike Präskript baut sich aus drei Elementen auf, dem Namen des Absenders, dem Namen des oder der Adressaten und einer Grußformel. In seiner orientalischen Gestalt, der Paulus folgt, ist das Präskript zweigliedrig formuliert: X an Y; sei gegrüßt, o. ä. Die Nennung von zwei Mitabsendern, Silvanus und Timotheus, darf nicht als Mitverfasserschaft ausgelegt werden, aber immerhin wird dahinter die Intention des Apostels sichtbar, in einem kollegialen Grundverständnis der Verkündigungsaufgabe seine Mitarbeiter mithineinzunehmen. Die Adressaten, denen nach 5^{27} der Brief vorgelesen werden soll, werden als *ekklesia* angeredet. Für griechisch-hellenistische Ohren ist das die Bezeichnung für die Versammlung der stimmberechtigten Bürger einer Polis, erst recht in Verbindung mit dem nomen gentilicium »Versammlung der Thessalonicher«. Daß die Angeredeten sich nun aber in einem ganz neuen Sinn als »Versammlung« verstehen dürfen, bringt ihnen der Zusatz »in Gott, dem Vater, und in Jesus Christus, dem Herrn« nahe.

Die kurze Grußformel »Gnade sei mit euch und Friede« erinnert zunächst ebenfalls an antike Briefgepflogenheiten, birgt aber doch ganz Neues. An die Stelle des Infinitivs des griechischen Briefgrußes *chairein* = »sich freuen« setzt Paulus das zum gleichen Wortstamm gehörende Substantiv *charis* = »Gnade«, ein zentraler Begriff paulinischer Verkündigung. Der profane Wunsch zu Freude und Wohlergehen ist damit verdrängt von der Zusage von Gottes heilschaffender Hinwendung zum Menschen in Jesus Christus. In diesem Kontext erfährt nun auch der allgemeine jüdisch-orientalische Friedensgruß *(schalom)* eine neue Auslegung. Friede ist jetzt die Frucht von Gottes gnadenhafter Zuwendung, und beide Ausdrücke zusammen meinen das in Christus geschenkte Heil schlechthin. In allen anderen Briefen verdeutlicht Paulus diesen Sinn denn auch durch den stereotypen Zusatz: »von Gott, unserem Vater, und vom Kyrios Jesus Christus«.

1^{2}–3^{13} Inhaltlich stellt der erste Briefteil eine Rückerinnerung an die Geschichte des Apostels mit seiner Gemeinde dar. Für Paulus ist das ganz wesentlich die Geschichte des Evangeliums und die Geschichte der Wirkung des Evangeliums in Thessalonich. Ein Indiz, wie die Rückerinnerung zu interpretieren sei, sind die immer wiederkehrenden Wendungen »ihr wißt«, »ihr erinnert euch« o. ä. (1^{5} $2^{1.2.5.9.10.11}$ $3^{3.4}$). Demnach will Paulus nicht einfach Vergessenes ins Gedächtnis zurückrufen. Vielmehr knüpft er auf diese Weise an die Erfahrungen an, die die Gemeinde mit dem Evangelium bisher gemacht hat und aktualisiert damit neu die Tatsache der Berufung, wie sie in der Annahme des Evangeliums manifest geworden ist (1^{4f}).

Angesichts des Erfolgs des Evange-

DER APOSTEL UND DIE GEMEINDE: 1^2–3^{13}

Die Thessalonicher – ein Vorbild für die Heidenchristen: 1^{2-10}

2 Thess 1^3 2 Wir danken Gott für euch alle, sooft wir in unseren Gebeten an
euch denken; 3 unablässig erinnern wir uns vor Gott, unserem Vater,
an das Werk eures Glaubens, an die Opferbereitschaft eurer Liebe
und an die Standhaftigkeit eurer Hoffnung auf Jesus Christus, unse-

1^3 »auf Jesus Christus« im Griechischen Gen. obj.: »des Jesus Christus«, auf alle drei Glieder der Trias Glaube, Liebe, Hoffnung sich beziehend.

liums in Thessalonich versteht es sich von der Sache her, wenn der erste Hauptteil des 1 Thess sich formal als ausgeweitete Danksagung darbietet, d.h. literarisch nach jenem Teil des antiken Briefformulars gestaltet ist, das man als Briefeingang (Proömium) bezeichnet (vgl. 1^2 2^{13} 3^9). Allerdings ist es nicht völlig von der Hand zu weisen, daß diese ungewöhnliche briefliche Form des 1 Thess erst sekundär durch redaktionelle Briefkomposition zustande gekommen ist. Literarkritische Bedenken vermuten hinter 2^{13} das Proömium und hinter 3^{11-13} den Schluß eines eingearbeiteten Briefes (s. Einleitung 4.2). Die Auslegung wird diese Möglichkeit zumindest mitbedenken müssen.

1^{2-10} Entgegen der Überschrift in EÜ ist das Thema des Abschnitts nicht die Vorbildhaftigkeit der angeredeten Gemeinde, vielmehr handelt es sich, entsprechend dem antiken Briefformular, um die Danksagung des Briefeingangs, hier in einer sehr gefüllten und überschwenglichen Form. Das einleitende »Wir danken Gott« steht thematisch über dem ganzen Proömium. Wie sehr Paulus das antike Briefformular mit Leben zu erfüllen vermag, verrät zum einen der plerophore Stil gleich zu Beginn – »für euch alle, sooft... unablässig erinnern wir uns...« –, der etwas wiedergibt von der Stimmungslage des Autors auf die guten Nachrichten aus der Gemeinde hin (3^6). Zum andern bringt Paulus die briefliche Formel in Verbindung mit seinem persönlichen Beten, indem er sich seinen Adressaten zu erkennen gibt als einer, der immer, auch wenn er betet, dankend und fürbittend ihrer gedenkt. Daß der Dank sich nicht an die Leser richtet, sondern an Gott, gründet in der echt paulinischen Überzeugung, daß letztlich Gott selber es ist, der in der Evangeliumsverkündigung des Apostels am Werk ist und heilschaffend am Menschen handelt. Die Trias »Glaube – Liebe – Hoffnung« als Inhalt des Dankes ist eine überkommene Formel, mit der man wohl schon vor Paulus die Wesenskennzeichen christlicher Existenz prägnant wie in einer Kurzfassung umschrieb (vgl. 5^8 1 Kor 13^{13} Kol 1^{4f} Eph 1^{16-18} Hebr 10^{22-24}). Daß so umschriebenes Christsein seine Lebendigkeit in einem bestimmten Tun und Verhalten äußert, gibt Paulus zu verstehen, indem er jedem der drei Glieder ein typisches Substantiv beifügt und vom »Werk eures Glaubens... Opferbereitschaft eurer Liebe und ...Standhaftigkeit eurer Hoffnung« spricht. Die anschließende Christusformel qualifiziert die

ren Herrn. 4 Wir wissen, von Gott geliebte Brüder, daß ihr erwählt 2 Thess 2^{13}
seid. 5 Denn wir haben euch das Evangelium nicht nur mit Worten
verkündet, sondern auch mit Macht und mit dem Heiligen Geist und
mit voller Gewißheit; ihr wißt selbst, wie wir bei euch aufgetreten
sind, um euch zu gewinnen. 6 Und ihr seid unserem Beispiel gefolgt
und dem des Herrn; ihr habt das Wort trotz großer Bedrängnis mit
der Freude aufgenommen, die der Heilige Geist gibt. 7 So wurdet ihr
ein Vorbild für alle Gläubigen in Mazedonien und in Achaia. 8 Von Phil 3^{17}
euch aus ist das Wort des Herrn aber nicht nur nach Mazedonien
und Achaia gedrungen, sondern überall ist euer Glaube an Gott bekannt geworden, so daß wir darüber nichts mehr zu sagen brauchen.

1^4 »Wir wissen, ... daß ihr erwählt seid«, wörtlich: »Wir wissen ... um eure Erwählung«.

1^6 Wörtlich: »Und ihr wurdet unsere Nachahmer«.

hier gemeinte christliche Existenzweise als eine, die sich so letztlich erst in der Christusgemeinschaft ereignen kann »vor unserem Gott und Vater« (EÜ andere Stellung).

4 Wie sehr das in der Gemeinde Lobenswerte von Gott ausgeht, erhellt der Begriff der »Erwählung«, in der Sache schon ausgesprochen in der Anrede »von Gott geliebte Brüder«. Die Erwählung hat sich in dem geschichtlichen Ereignis der erfolgreichen Evangeliumsverkündigung realisiert. Dabei wird das Evangelium vorgestellt nicht nur als Menschenwort, sondern, eben weil es »Evangelium Gottes« ist, als aus sich wirkende Kraft. Deshalb kann sich Verkündigung ereignen »nicht nur im Wort, sondern auch in Kraft und in heiligem Geist und in voller Gewißheit« (EÜ ist verflachend). Für die Gemeinde war dieses in seinem göttlichen Ursprung gründende Wesen des Evangeliums erfahrbar im Auftreten des verkündigenden Apostels (5^b). Konkretes über dieses Auftreten erfährt man dann aus 2^{1-12}.

1^{6-8} Paulus sieht einen Zusammenhang darin, wie in seiner Apostel-Existenz das Evangelium transparent geworden ist, und der Art, wie die Thessalonicher das Evangelium aufgenommen haben. Der Schlüsselbegriff in diesem Text ist *typos* (»Vorbild«). Da der Kyrios in dieses Argumentieren in den Kategorien von Vorbild und Nachahmung einbezogen ist, kann man es nicht einfach im ethisch-moralischen Sinn interpretieren. Denn den Kyrios, den erhöhten Herrn, kann man ja nicht einfach nachahmen. Auszugehen ist von der ursprünglichen Bedeutung des Begriffs *typos:* »Prägestempel« oder auch das »Geprägte« (Marxsen 39). Der Gedankengang ist dann folgender: Im Verständnis des Paulus beinhaltet der Titel Kyrios immer und unablösbar beides: die Herrlichkeitsaussage der Erhöhung und das Wort vom Kreuz (5^{9f}). Dieser Kyrios »prägt« durch das Evangelium, dessen Inhalt er selber ist, die Existenz des Apostels und über den verkündigenden Apostel die Existenz der Gemeinde. Es ist eine Existenz, die die Erfahrung von Freude in der Bedrohtheit, von Kraft in der Schwachheit, von Lebensgewinn in der Niederlage kennt (vgl. Phil 3^{17} 1 Kor 11^1 Gal 4^{12}). Als so »Geprägte« sind die

9 Denn man erzählt sich überall, welche Aufnahme wir bei euch ge-
Apg 14^{15}; funden haben und wie ihr euch von den Götzen zu Gott bekehrt
Joh 17^{3} habt, um dem lebendigen und wahren Gott zu dienen 10 und seinen
Apg 17^{31}; Sohn vom Himmel her zu erwarten, Jesus, den er von den Toten auf-
Tit 2^{13} erweckt hat und der uns dem kommenden Gericht Gottes entreißt.

Rückblick auf das erste Wirken des Apostels: 2^{1-12}

2 1 Ihr wißt selbst, Brüder, daß wir nicht vergebens zu euch gekommen
sind. 2 Wir hatten vorher in Philippi viel zu leiden und wurden miß-

Thessalonicher Träger des Evangeliums, d.h. christlicher Typos für andere.

1^{9f} Paulus bestätigt seinen Lesern, daß sie, in der Reihe Kyrios – Apostel – Gemeinde selber zum Typos für andere geworden, für ihn eine große missionarische Hilfe sind. Denn die Kunde vom Glauben der Thessalonicher, die »die Brüder aus Makedonien« (2 Kor 11^{9}), wohl zusammen mit Timotheus (3^{6}), mitbringen und verbreiten, wirkt wie eine Empfehlung für die Sache des Missionars Paulus ($^{8.9a}$). Vermutlich jetzt erst hat er neuen Auftrieb, nach einer problematischen Anfangssituation die Mission in Korinth voll aufzunehmen (vgl. Einleitung 4.1). In diesem Zusammenhang erfahren wir in traditionsgeprägten Wendungen, die auf das missionierende hellenistische Judenchristentum verweisen, etwas über den Inhalt des Evangeliums, das mit seiner Wirkung in Thessalonich Paulus zu solcher Danksagung veranlaßt ($^{9b.10}$). Demnach war die Erstverkündigung eine Bekehrungspredigt, die zum Glauben an den einen, lebendigen und richtenden Gott und, verbunden damit, zu einem entsprechenden Ethos rief. Allerdings hat so auch die hellenistische Diasporasynagoge geworben, die auch die Kehrseite davon bereithielt, die Heidenpolemik nämlich, daß schuldhafter Götzendienst und sittliche Lasterhaftigkeit sich gegenseitig bedingen. Das eigentlich Neue ist die christologische Botschaft: Dieser Gott hat an Jesus gehandelt, indem er ihn »von den Toten auferweckt hat«. Als der Auferweckte ist Jesus zugleich derjenige, der als Sohn Gottes bei seinem bevorstehenden Kommen »vom Himmel« die Seinen aus dem Zorn(-gericht) retten wird. Das Heil ist also primär nicht an das Gott-Dienen, nicht mehr an den Toragehorsam geknüpft, sondern ist zuallererst und in striktem Sinn theo-logisch begründet, d.h. im eschatologischen Handeln Gottes im Sohn.

Es ist für unseren Abschnitt und überhaupt für den ganzen ersten Briefteil beachtenswert, wie Paulus bei seinem Bemühen um seine Gemeinde bei den Erfahrungen anknüpft und sie ins Bewußtsein bringt, die sie mit dem Evangelium und mit ihrem Gläubig-Sein gemacht hat (vgl. Marxsen 77) und wie er mit der schon von ihm als Tradition übernommenen ältesten Kurzformel »Glaube – Liebe – Hoffnung« umschreibt, was Leben unter dem Evangelium, was Christsein sei. Darüber hinaus bekundet er unter dem Stichwort *typos* ein christologisch-ekklesiologisch sehr fundiertes Verständnis von dem, was man heute Evangelisation nennt.

2^{1-12} Von dem, was er in 1^{5b} nur kurz

handelt, wie ihr wißt; dennoch haben wir im Vertrauen auf unseren
Gott das Evangelium Gottes trotz harter Kämpfe freimütig und
furchtlos bei euch verkündet. 3 Denn wir predigen nicht, um euch ir-
rezuführen, in schmutziger Weise auszunutzen oder zu betrügen,
4 sondern wir tun es, weil Gott uns geprüft und uns das Evangelium
anvertraut hat, nicht also um den Menschen, sondern um Gott zu ge-

2^{3} Wörtlich: »Denn unser Zuspruch (geschah) nicht aus Irreführung, noch aus Unsauberkeit, noch in List«.

erwähnt hat, zeichnet Paulus jetzt ein detailliertes Bild: sein missionarisches Auftreten in Thessalonich. Dabei verläuft das Argumentieren in einem ständigen Gegenüber von »Nicht-Sondern«-Aussagen. Dadurch wird das positive Verhalten des Apostels in ein negatives Gegenbild wie in eine Folie eingetragen. Indem Paulus so sein missionarisches Auftreten ins rechte Licht rückt und es abgrenzt gegen mögliche Verdächtigungen und Anschuldigungen, gerät ihm der ganze Abschnitt letztlich zu einer Apologie seines Evangeliums. Denn in paulinischem Verständnis gehören Glaubwürdigkeit des verkündigenden Apostels und Glaubwürdigkeit des Verkündigten unablösbar zusammen. Der zeit- und religionsgeschichtliche Hintergrund, von dem Paulus mit seiner Apologie sich abzuheben bemüht ist, muß wohl im Milieu und in der Atmosphäre antiken religiös-philosophischen Wanderpredigertums gesucht werden. Es mußte für Paulus eine latente Gefahr darstellen, von den Kritikern solchen Wanderpredigertums in einen Topf geworfen zu werden mit Leuten, die mit solcher Tätigkeit ihren Lebensunterhalt bestritten und daher auch darauf bedacht sein mußten, anzukommen. Möglicherweise ist die Apologie aus einer Beunruhigung und Sorge heraus formuliert, die von 3^{6} noch nichts weiß? In diesem Fall wäre der Abschnitt ein Teil des in 1 Thess redaktionell eingearbeiteten Empfehlungsbriefes, den Timotheus von Athen aus mitnahm. In die damalige Situation fügt sich 2^{1-12} sehr gut ein (s. Einleitung 4.1).

2^{1f} Mit dem einleitenden erinnernden »ihr wißt«, das so oder ähnlich noch fünfmal begegnet ($2^{2.5.9.10.11}$), bekommt der ganze Abschnitt etwas Eindringliches und Beschwörendes. Als Thema wird formuliert das Auftreten des Apostels, das »nicht vergebens« war. Aus dem Gegenüber der demütigenden Mißhandlungen in Philippi und der in Thessalonich sofort wieder aufgenommenen Evangeliumsverkündigung macht Paulus ein Indiz dafür, daß es sich bei seiner Heilspredigt nicht um Menschenwerk und Menschenwort handelt, sondern um das »Evangelium Gottes«. In der Gewißheit darum gründet sein Auftreten »freimütig und furchtlos«.

2^{3-6} Zunächst entwirft Paulus mit lauter »Nicht«-Aussagen ein negatives Gegenbild eines zeitgenössischen Wanderpredigers und Wanderphilosophen, wie es auch seinen Adressaten vermutlich vertraut war. In diesem Bild spiegelt sich wohl die Kritik, die man dem religiös-philosophischen Wanderpredigertum entgegenbrachte. Man wird in solchen Kreisen und Schultraditionen selber so etwas wie eine Apologie entwickelt haben, die formulierte, wie glaubwürdiges Auftreten im Interesse

Jer 11[20] fallen, der unsere *Herzen prüft.* [5] Nie haben wir mit unseren Worten
zu schmeicheln versucht, das wißt ihr, und nie haben wir aus ver-
steckter Habgier gehandelt, dafür ist Gott Zeuge. [6] Wir haben auch
keine Ehre bei den Menschen gesucht, weder bei euch noch bei ande-
ren, [7] obwohl wir als Apostel Christi unser Ansehen hätten geltend
machen können. Im Gegenteil, wir sind euch freundlich begegnet:
Wie eine Mutter für ihre Kinder sorgt, [8] so waren wir euch zugetan
und wollten euch nicht nur am Evangelium Gottes teilhaben lassen,
sondern auch an unserem eigenen Leben; denn ihr wart uns sehr lieb
Apg 20[34]; geworden. [9] Ihr erinnert euch, Brüder, wie wir uns gemüht und ge-
1 Kor 4[12]; plagt haben. Bei Tag und Nacht haben wir gearbeitet, um keinem von
9[12–18] euch zur Last zu fallen, und haben euch so das Evangelium Gottes
verkündet. [10] Ihr seid Zeugen, und auch Gott ist Zeuge, wie gottge-
fällig, gerecht und untadelig wir uns euch, den Gläubigen, gegenüber

2[9] Im Griechischen substantivisch: »Ihr erinnert euch, Brüder, unserer Mühe und Plage«.

einer bestimmten Lebens- oder Heilslehre sein müsse und wie es nicht sein dürfe. In einer ersten Reihe solcher negativer Charakteristika nennt [3] gauklerische Irreführung, unsaubere Motive und betrügerische Absichten. In [4b–6] wird dem Gefallsucht, Schmeichelrede, versteckte Habgier und Ehrsucht hinzugefügt. In einem ersten »Sondern«-Satz setzt Paulus sich von diesem Negativbild zunächst vom Grundsätzlichen her ab, indem er auf die Legitimation für seine Verkündigung verweist: Gott hat ihn für tauglich befunden, ihm sein Evangelium anzuvertrauen ([4]). Er argumentiert damit von seinem Berufungserlebnis her, in dessen Perspektive Apostel-Sein und Beauftragung mit dem Evangelium zwei Seiten ein und derselben Sache darstellen (vgl. Gal 1[11f.15f]).

2[7–12] Was Paulus bisher wie Behauptungen und Feststellungen aufreihte, das macht er nun, ins Positive gewendet, konkret nachprüfbar an der Art seines Wirkens während der Gemeindegründung. Es gehört zum Selbstverständnis des Paulus, daß er als mit dem Evangelium beauftragter »Apostel Christi« um eine unaufgebbare Autorität der Gemeinde gegenüber weiß ([7]). Aber statt Ansehen heischend aufgetreten zu sein, kann er sein damaliges Verhältnis zur Gemeinde in dem geradezu intim-herzlichen Bild von der »Amme« oder der »stillenden Mutter« – so die griechische Wortbedeutung – zusammenfassen. Paulus stellt damit seine Apostel-Autorität bewußt in das Spannungsfeld zwischen Vollmacht und Dienst, was sich so auswirkt, daß er der Gemeinde nicht nur Anteil am Evangelium, sondern an seinem eigenen Leben gibt ([8]). Anteil an seinem eigenen Leben geben kann Paulus insofern, als seine Existenz als Apostel vom Evangelium geprägt ist und dieses transparent macht (vgl. 1[6–8]). Dazu zählt er u.a. den Verzicht, sich von der Gemeinde materiell aushalten zu lassen ([9]), obwohl er um das grundsätzliche Unterhaltungsrecht urchristlicher Missionare weiß (vgl. 1 Kor 9). »Mühe und Plage« harter körperlicher Arbeit, mit der der Apostel sich den Lebensunterhalt verdient, werden so gleich-

verhalten haben. 11 Ihr wißt auch, daß wir, wie ein Vater seine Kin- 1 Kor 4^{15}
der, jeden einzelnen von euch 12 ermahnt, ermutigt und beschworen Eph 4^{1};
haben zu leben, wie es Gottes würdig ist, der euch zu seinem Reich Phil 1^{27};
und zu seiner Herrlichkeit beruft. 2 Thess 1^{5}; 1 Petr 5^{10}

Die Aufnahme des Evangeliums durch die Gemeinde: 2^{13-16}

13 Darum danken wir Gott unablässig dafür, daß ihr das Wort Gottes, Hebr 4^{2};
das ihr durch unsere Verkündigung empfangen habt, nicht als Men- Gal $1,^{11f}$;
schenwort, sondern – was es in Wahrheit ist – als Gottes Wort ange- 2 Thess 2^{13f}
nommen habt; und jetzt ist es in euch, den Gläubigen, wirksam.

sam zum Gütezeichen seiner Verkündigung. In dem abschließenden Bild vom Vater, der sich um jeden einzelnen ganz individuell annimmt (^{11f}), ist zu beachten, wie Paulus Christ-Sein, wie es in der Evangeliumsannahme als Berufung sich realisiert, und christliches Handeln zueinander in Beziehung setzt: Man wird nicht Christ durch ein bestimmtes ethisches Handeln, vielmehr ist eine bestimmte Ethik die Konsequenz der im Evangelium ergangenen Berufung (vgl. 4^{1-12} 5^{1-11}).
Insgesamt bekundet 2^{1-12} ein ganz ursprüngliches und waches Bewußtsein dafür, daß christliche Verkündigung, in welcher Form auch immer sie geschehen mag, das Evangelium überall dort zu korrumpieren in Gefahr ist, wo sie verstrickt ist in Herrschaftsausübung und materielle Orientiertheit. Aus dem Text spricht das Bekenntnis und der Wille zur Ohnmacht im irdisch-weltlichen Sinn, damit das Evangelium um so mächtiger sei.
2^{13-16} Mit 2^{13} wird die Danksagung in einer Form wieder aufgenommen, wie sie sonst in den Briefeingängen steht (vgl. 1^{2ff}). In den hier zu besprechenden Versen häufen sich Argumente formaler und inhaltlicher Art, die für den Fall, daß in 1 Thess eine Briefkomposition vorliegt (Einleitung 4.2), diese Stelle als Nahtstelle erscheinen lassen. Nicht nur wird in ^{13} formal die Danksagung des Proömiums wiederholt, der Vers schließt auch sprachlich sehr merkwürdig, ja geradezu rätselhaft an das Vorausgehende an: »Und deshalb danken auch wir ...«, wobei »auch wir« im Griechischen betont ist. (EÜ läßt die schwierige Wendung einfach unter den Tisch fallen.) Aus dem Kontext heraus ist nicht ersichtlich, wem sich der Autor mit dieser Wendung dankend anschließen will. Es hat daher einiges für sich, hier die Hand eines Redaktors anzunehmen, der etwas ungeschickt den Übergang zur Danksagung eines in 1 Thess eingearbeiteten Briefes herstellt. Dann erklärt sich auch die unvermutet auftauchende polemische Einbeziehung der Juden in die Argumentation in 2^{14-16} am plausibelsten als Produkt aus der Feder des Redaktors. Aus der Briefsituation heraus ist nicht einsichtig zu machen, was den Juden Paulus bewegt haben sollte, in einer geradezu banalen Weise mit Parolen eines antiken Antijudaismus (z. B. »aller Menschen Feind«) Judenpolemik zu machen.
Neben den genannten literarkritischen Bedenken sprechen eine Reihe anderer Sachargumente gegen eine paulinische Autorschaft der Verse $^{14-16}$, in denen sich nach Terminologie und Inhalt Unpaulinisches gera-

14 Denn, Brüder, ihr seid den Gemeinden Gottes in Judäa gleich ge-
worden, die sich zu Christus Jesus bekennen. Ihr habt von euren Mit-
Mt 23^{31f}; bürgern das gleiche erlitten wie jene von den Juden. 15 Diese haben
Apg 2^{23}; 7^{52}; sogar Jesus, den Herrn, und die Propheten getötet; auch uns haben
Röm 11^{28} sie verfolgt. Sie mißfallen Gott und sind Feinde aller Menschen; 16 sie
Mt 23^{13} hindern uns daran, den Heiden das Evangelium zu verkünden und ih-
nen so das Heil zu bringen. Dadurch *machen sie* unablässig *das Maß*
Gen 15^{16}; *ihrer Sünden voll.* Aber der ganze Zorn ist schon über sie gekommen.
Dan 8^{23}

Der verhinderte Besuch: 2^{17-20}

17 Für kurze Zeit, Brüder, sind wir verwaist, weil ihr uns fern seid,
den Augen fern, nicht dem Herzen; deshalb haben wir uns in größter

dezu häuft. Zu nennen wäre: die unpaulinische Art der Verbindung von Evangelium und Leiden; die Standardformel der Apg, die Juden hätten Jesus getötet; der in der synoptischen Tradition vom AT aufgenommene Vorwurf des Prophetenmordes (vgl. Mt 22^{6f} 23^{29-37} Lk 6^{23} Apg 7^{52}) und schließlich die antike jüdische Standardpolemik, die Juden seien »Feinde aller Menschen«, hier christlich gerechtfertigt mit dem ebenfalls in der Apg stereotyp wiederkehrenden Hinweis auf die Gegnerschaft der Juden gegen die Heidenmission. Schreibt man aus diesen Gründen 2^{14-16} einem Redaktor der neutestamentlichen Spätzeit zu, dann läßt sich die mysteriöse Aussage erklären, der Zorn Gottes sei schon voll über die Juden hereingebrochen (^{16c}). Der Redaktor gibt damit aus seiner Sicht eine theologisch-eschatologische Interpretation des geschichtlichen Ereignisses der Zerstörung Jerusalems im Jahr 70. Erst mit dem Aufflackern des Widerstandes gegen Rom kam es ja auch zu namhaften Verfolgungen des palästinischen Judenchristentums (2^{14}).

Einen Text wie 2^{14-16} sollte man in der kirchlichen Verkündigungspraxis nicht verwenden, wenn man ihn nicht auch zugleich erklärt. Man riskiert sonst, unterschwellig virulenten Antisemitismus neutestamentlich zu nähren. Für das richtige Verständnis wäre es wohl wichtig, zu unterscheiden zwischen theologisch begründeter Auseinandersetzung des neutestamentlichen Christentums mit seinem jüdischen Mutterboden und einer antisemitischen Wirkungsgeschichte solcher Texte im christlichen Abendland, wie sie von den Autoren des NT gewiß nicht intendiert war.

2^{17}–3^{10} Der Abschnitt bildet insofern eine Einheit, als Paulus jetzt die Zeit zwischen seinem Weggang von Thessalonich und der Rückkehr des Timotheus reflektiert. Das Thema »Apostel – Gemeinde«, das den ganzen ersten Briefteil beherrscht, ist jetzt insofern variiert, als Paulus nun seine Angewiesenheit auf seine Gemeinde hinsichtlich seiner Apostel-Existenz, theologisch begründend und trotzdem in sehr persönlicher Anrede, in den Vordergrund rückt. Literarkritisch betrachtet würde der Abschnitt trefflich an 2^{1-12} als Fortsetzung anschließen, vielleicht ein zusätzliches Indiz, daß in $2^{13.14-16}$ doch ein Redaktor am Werk war. Rechnet man demnach mit einer Briefkomposition, dann müßte man 2^{17}–3^{5} dem Empfehlungsschreiben zuschlagen, das Timotheus von

Sehnsucht um so eifriger bemüht, euch wiederzusehen. [18] Ja, wir hat-
ten uns fest vorgenommen, zu euch zu kommen, und das wollte ich,
Paulus, schon einige Male; aber der Satan hat uns daran gehindert.
[19] Denn wer ist unsere Hoffnung, unsere Freude, der Kranz unseres
Ruhmes vor Jesus, unserem Herrn, wenn er kommen wird? Nicht
etwa auch ihr? [20] Ja, ihr seid unsere Ehre und Freude.

Die Entsendung des Timotheus: 3^{1-5}

3[1] Darum hielten wir es nicht länger aus; wir beschlossen, allein in Apg 17^{14f}
Athen zurückzubleiben, [2] und schickten Timotheus, unseren Bruder
und Gottes Mitarbeiter am Evangelium Christi, um euch zu stärken
und in eurem Glauben aufzurichten, [3] damit keiner wankt in diesen 2 Tim 3^{12};
Bedrängnissen. Ihr wißt selbst: Für sie sind wir bestimmt. [4] Denn als 2 Thess 1^{4}

Athen aus nach Thessalonich mitnahm (Einleitung 4.1). Es spricht daraus die gleiche Besorgtheit um die Gemeinde wie aus 2^{1-12}.

2^{17-20} Der Zeitraum, den Paulus in den Blick nimmt, wenn er von der schmerzlichen Trennung von der Gemeinde redet, war für ihn und seine Begleiter selber eine problematische Phase am Beginn seines europäischen Missionsunternehmens (Einleitung 4.1). Er scheut sich daher nicht, seine Sorge um die Gemeinde unter dem Vorzeichen seiner persönlichen Situation als Gemeindegründer in Worte zu fassen: Er fühlt sich verwaist (^{17}). Aus solchen Äußerungen spricht das Bewußtsein, daß nicht nur die Gemeinde den Apostel »braucht«, sondern ebenso der Apostel die Gemeinde. Warum dem so motivierten, aus der Apostel-Sorge geborenen Bemühen, die Gemeinde wiederzusehen ($^{17b.18a}$), kein Erfolg beschieden war, wird zwar nicht gesagt, muß aber wohl im Zusammenhang mit der erbarmungslosen Alltagsrealität eines urchristlichen Missionars vom Zuschnitt des Paulus gesehen werden (vgl. 2 Kor 11^{23-33}). Jedenfalls beurteilt Paulus die ganze Situation als Behinderung des Evangeliums, weshalb er sie auch als Satanswerk apostrophieren kann (^{18b}). Die – theologisch verstandene! – Angewiesenheit des Apostels auf seine Gemeinde begründet und vertieft ^{19f} aus eschatologischer Perspektive: Paulus ist überzeugt, in der nahen Parusie vor seinem Kyrios nur bestehen zu können, wenn er auf seine glaubende Gemeinde verweisen kann. Denn so wird offenkundig, daß tatsächlich das Evangelium des Kyrios seine Existenz so geprägt hat, daß er Apostel genannt werden kann (vgl. 1^{6-8}).

3^{1-5} Der nach Thessalonich entsandte Timotheus kann in der Relation »Apostel – Gemeinde« stellvertretend die Aufgabe des besorgten Apostels deshalb wahrnehmen ($^{2b.3a}$), weil Paulus in seinem Gefährten das sieht, als was er sich selber versteht: »Gottes Mitarbeiter am Evangelium Christi« (3^{2a}). Die »Bedrängnisse«, von denen er die Gemeinde bedroht wähnt (^{3a}), sind nicht beliebige, wie sie das menschliche Leben so mit sich bringt, sondern speziell Bedrängnisse, die eine am Evangelium orientierte alternative und damit für die Umwelt anstößige Lebensform im Gefolge hat. Wer dem ausweicht, wir noch bei euch waren, haben wir euch vorausgesagt, daß wir in Bedrängnis geraten werden; und so ist es, wie ihr wißt, auch eingetroffen. 5 Darum ertrug ich es auch nicht länger; ich schickte Timotheus, um über euren Glauben Gewißheit zu erhalten und zu erfahren, ob nicht der Versucher euch in Versuchung geführt hat und unsere Mühe vergeblich war.

Die Freude des Apostels über den Stand der Gemeinde: 3^{6-10}

Apg 18^5 6 Inzwischen ist aber Timotheus von euch zu uns zurückgekommen und hat uns gute Nachricht von eurem Glauben und eurer Liebe gebracht; er hat uns auch berichtet, daß ihr uns stets in guter Erinnerung bewahrt und euch danach sehnt, uns zu sehen, wie auch wir euch sehen möchten. 7 Darum, Brüder, wurden wir beim Gedanken
2 Thess 1^4 an euch in all unserer Not und Bedrängnis durch euren Glauben getröstet; 8 jetzt leben wir auf, weil ihr fest in der Gemeinschaft mit dem Herrn steht. 9 Wie können wir Gott euretwegen genug danken für all die Freude, die uns um euretwillen vor unserem Gott erfüllt? 10 Bei Tag und Nacht bitten wir inständig darum, euch wiederzusehen und an eurem Glauben zu ergänzen, was ihm noch fehlt.

3^8 Mit »weil ihr« ist der Sinn nicht präzis erfaßt; wörtlich: »wir leben (auf), wenn ihr feststeht im Herrn«.

3^{10} Wörtlich: »zurechtzubringen die Mängel eures Glaubens«.

weicht letztlich dem Evangelium aus. Damit hätte »der Versucher«, der Gegenspieler des eschatologischen Ereignisses der Evangeliumsverkündigung, die Mühe des Apostels der Vergeblichkeit preisgegeben (^{5}). Weil der Zusammenhang von »Bedrängnissen« und »Evangelium« für Paulus ein sicheres, inzwischen christologisch schon aufgearbeitetes Erfahrungswissen ist, hat er die werdende Gemeinde von vornherein darauf vorbereitet ($^{3b.4}$; vgl. 1^6).

3^{6-10} Der guten Nachricht, die Timotheus aus Thessalonich mitbringt (^{6}) – im Griechischen das Verb für Evangeliumsverkündigung! –, gibt Paulus einen Stellenwert, daß wiederum wie schon in 2^{17-20} transparent wird, wie sehr er sich in seinem Apostelsein an die Gemeinde verwiesen weiß. Denn die intakte Relation »Apostel – Gemeinde«, wie sie im durchhaltenden Glauben und in der Liebe der Gemeinde zu ihrem Apostel zum Ausdruck kommt (^{6}), bedeutet für Paulus in einer Weise eine Ermutigung (^{7}), daß er sagen kann: »Jetzt leben *wir* (auf), weil *ihr* fest in der Gemeinschaft mit dem Herrn steht« (^{8}). Der Apostel *»lebt, wenn«* seine Gemeinde geprägt ist vom Kyrios, wenn man in ihrem Erscheinungsbild den Kyrios erkennen kann und damit die Wirksamkeit des Evangeliums des Apostels (vgl. 1^{6-8}). Dem erneuten Dank gegen Gott und dem Gebetswunsch, die Einheit von Apostel und Gemeinde in einem Besuch augenfällig zu machen ($^{9.10a}$), fügt Paulus wie nebenbei als Absicht an, dann »an eurem Glauben zu ergänzen, was ihm noch fehlt« (^{10b}). Damit ist der Blick schon auf den

Segenswunsch des Apostels: 3^{11-13}

^{11} Gott, unser Vater, und Jesus, unser Herr, mögen unsere Schritte zu
euch lenken. ^{12} Euch aber lasse der Herr wachsen und reich werden
in der Liebe zueinander und zu allen, wie auch wir euch lieben, ^{13} da-
mit euer Herz gefestigt wird und ihr ohne Tadel seid, geheiligt vor 5^{23}
Gott, unserem Vater, wenn Jesus, unser Herr, mit allen seinen Heili- 2 Thess $1^{7.10}$
gen kommt.

WEISUNGEN FÜR DAS CHRISTLICHE LEBEN: 4^{1}–5^{22}

Aufforderung zur Heiligung des Lebens: 4^{1-12}

4^{1} Im übrigen, Brüder, bitten und ermahnen wir euch im Namen Jesu,
des Herrn: Ihr habt von uns gelernt, wie ihr leben müßt, um Gott zu

zweiten Hauptteil des Briefes gelenkt, näherhin auf die offenkundig notwendige eschatologische Belehrung und Paraklese 4^{13-18} und 5^{1-11}.

3^{11-13} Mit Gebets- und Segenswünschen bringt Paulus den ersten Briefteil zu Ende. Formal und inhaltlich haben die Verse stark das Gepräge eines Briefschlusses (vgl. 5^{23}). Die Literarkritik, die 1 Thess als Briefkomposition begreift, sieht in 3^{11-13} Elemente des Briefschlusses eines redaktionell eingearbeiteten Briefes, d. h. des sogenannten Empfehlungsschreibens. Die Wiederholung des Gebetswunsches von ^{10b} in ^{11}, die Gemeinde wiederzusehen, könnte ein zusätzliches Indiz sein, daß $^{11-13}$ tatsächlich nicht an seinem ursprünglichen Platz steht. Wieder in Form eines Gebetswunsches deutet ^{12f} die Gegenwart der Gemeinde als ein Unterwegs-Sein und Wachsen – Wachsen in der Liebe – auf die eschatologische Vollendung hin, bewirkt durch die Gemeinschaft mit dem erhöhten Herrn.

4^{1}–5^{22} Der zweite Briefteil hebt sich mit seinem mahnenden und unterweisenden Charakter deutlich vom ersten ab. Das Kernstück bilden die Abschnitte mit eschatologischen Themen (4^{13-18} 5^{1-11}). Sie sind gerahmt von Texten, die mit konkreten Einzelweisungen auf das persönliche und gemeindliche Leben abzielen (4^{1-12} 5^{12-22}). Das Anliegen des Apostels in diesem Teil seines Schreibens ist es ganz generell, die Gemeinde im brieflichen Gespräch auf dem eingeschlagenen neuen Weg weiterzubringen.

4^{1-12} Der Text läßt durchblicken, daß konkrete ethische Einzelweisungen, wie sie hier begegnen, nicht oder nur sehr bedingt von Mißständen bei den Adressaten ausgelöst, sondern daß sie in der paulinischen Praxis der Gemeindegründung und Gemeindeführung verankert sind. Denn Paulus anerkennt ausdrücklich, daß sich die Gemeinde ja auf dem Weg befindet, auf den er sie gebracht hat und den er ihr jetzt erneut bewußt macht ($4^{2.10}$). Es besteht daher auch kein Widerspruch zwischen den paränetischen Briefteilen und dem Lob, mit dem die Adressaten bedacht wurden.

4^{1f} In den einleitenden Versen gibt Paulus zu erkennen, wie er seine Ge-

gefallen, und ihr lebt auch so; werdet darin noch vollkommener! [2] Ihr
wißt ja, welche Ermahnungen wir euch im Auftrag Jesu, des Herrn,
gegeben haben. [3] Das ist es, was Gott will: eure Heiligung. Das be-
deutet, daß ihr die Unzucht meidet, [4] daß jeder von euch lernt, mit
seiner Frau in heiliger und achtungsvoller Weise zu verkehren, [5] nicht
Jer 10^{25}; in leidenschaftlicher Begierde wie *die Heiden, die Gott nicht kennen*,
Ps 79^{6} [6] und daß keiner seine Rechte überschreitet und seinen Bruder bei
Ps 94^{1} Geschäften betrügt, denn all das rächt der Herr, wie wir euch schon
2 Thess 2^{13f} früher gesagt und bezeugt haben. [7] Denn Gott hat uns nicht dazu be-

$4^{2.3a}$ Wörtlich: »... welche Gebote wir euch gegeben haben durch den Kyrios Jesus. Denn dieses ist (der) Wille Gottes, eure Heiligung«.

4^{4} Wörtlich: „... daß jeder von euch wisse, sein eigenes Gefäß (= Ehefrau) zu erwerben in Heiligung und Ehre«. Das griechische Wort für »Gefäß« könnte auch den eigenen Leib meinen. Zusammen mit dem Verb »erwerben« ergibt sich dann aber kein rechter Sinn mehr.

meindeparänese grundsätzlich versteht. Er gestaltet sie als ein bittendes, ermutigendes Zureden (vgl. 2^{12}). Zugleich macht er deutlich, daß er solche ethische Weisung nicht kraft eigener Autorität gibt, sondern daß dahinter der Kyrios Jesus selber steht: Wie jetzt sein briefliches Zureden »im Kyrios Jesus« geschieht ([1]), so kann er in [2] daran erinnern, daß er schon bei der Erstverkündigung »Gebote« gegeben hat »durch den Kyrios Jesus«. Paulus kommt es dabei weniger darauf an, seinem Mahnen Nachdruck zu verleihen, als vielmehr darauf, es in seinem Inhalt im Zusammenhang mit der Evangeliumsannahme und dem Gläubig-Werden zu behaften und von daher einsichtig zu machen und zu begründen. Es geht um ein der Berufung und dem neuen Sein gemäßes Leben (vgl. 2^{12}) unter dem Vorzeichen »Gott gefallen« ([1b]) bzw. »Wille Gottes« ([3a]; vgl. 1^{9f}).

4^{3-8} Die Verse bilden ein in sich geschlossenes Ganzes. Voran steht gleichsam als Überschrift: »Das ist es, was Gott will: eure Heiligung« ([3a]). In [3b–6a] wird dann durch verschiedene Einzelweisungen konkretisiert, wie »Heiligung« zu geschehen hat: Meiden von Unzucht ([3b]), in [4] spezifiziert auf die Heilighaltung der Ehe hin, und Ehrlichkeit im geschäftlichen Bereich ([6a]). Mit der Verbindung von Götzendienst (»die Heiden, die Gott nicht kennen« [5]), sexueller Lasterhaftigkeit und Besitzgier steht Paulus in der Tradition alttestamentlich-jüdischer Heidenpolemik (vgl. Röm 1^{18-32} mit SapSal 12–14). Diese Einzelparänese ihrerseits wird abschließend begründet und motiviert mit dem Hinweis auf das Gericht und die Berufung zur Heiligung, die Gott mit der Gabe des Pneumas schenkt ([6b–8]). Mit dem Begriff »Heiligung« wird also in der Weise dialektisch argumentiert, als das Heilshandeln Gottes am Menschen, in [7] als Heiligung verstanden, die Voraussetzung und Ermöglichung für ein menschliches Handeln darstellt, das dann ebenfalls »Heiligung« genannt werden kann ([3a]). Dahinter steht die typisch paulinische Auffassung von Heilsbesitz und Bewährung. Danach kann und muß sich der Glaubende das Heil nicht verdienen durch sein ethisches Handeln, vielmehr geht es dabei um das

rufen, unrein zu leben, sondern heilig zu sein. 8 Wer das verwirft, der
verwirft also nicht Menschen, sondern Gott, der euch *seinen* Heiligen
Geist schenkt. Ez 36^{27};
9 Über die Bruderliebe brauche ich euch nicht zu schreiben; Gott 37^{14}
selbst hat euch schon gelehrt, einander zu lieben; 10 und danach han-
delt ihr auch an allen Brüdern in ganz Mazedonien. Wir ermuntern
euch aber, Brüder, darin noch vollkommener zu werden. 11 Setzt eure
Ehre darein, ruhig zu leben, euch um die eigenen Aufgaben zu küm-
mern und mit euren Händen zu arbeiten, wie wir euch aufgetragen
haben. 12 So sollt ihr vor denen, die nicht zu euch gehören, ein recht-
schaffenes Leben führen und auf niemand angewiesen sein.

4^{12} »vor denen, die nicht zu euch gehören«, wörtlich: »vor denen draußen«, eine für das Selbstverständnis der Gemeinde bezeichnende Ausdrucksweise.

Bleiben und Sich-Bewähren in der gottgeschenkten Berufung.
Von seiner literarischen und sachlichen Struktur und von seinem Inhalt her gehört der Abschnitt in die Tradition der paulinischen bzw. neutestamentlichen sogenannten Lasterkataloge mit ihrem Gegenstück, den Tugendkatalogen (vgl. z. B. Röm 1^{18-32} 1 Kor 6^{9-11} Gal $5^{19-21.22-24}$ Kol 3^{5-10} Eph 5^{3-11}). Gemeinsam ist dieser katalogischen Paränese eine antithetische gedankliche Struktur. In 1 Thess 4^{3-8} kommt sie so zum Ausdruck: Einem Leben in Heiligung im Wissen um den Willen Gottes, begründet in der Gabe des Pneumas, steht entgegen ein Leben in Unreinheit und Leidenschaft, begründet im Nicht-Kennen Gottes ($^{5.7a}$). Der Glaubende ist durch Gottes Heilstat aus dem Unheilsbereich der Sünde herausgenommen und berufen in den eschatologischen Heilsbereich der Heiligung und des heiligen Pneumas (^{7f}; entgegen EÜ ist 7 genauer wiederzugeben: »Denn nicht berief uns Gott zu Unreinheit, sondern in Heiligung«). Dabei ist zu beachten, daß »Heiligung« und »Geistempfang« als Taufterminologie auf den Heilsempfang in der Taufe verweisen. Für den Glaubenden und Getauften erwächst aus diesem Heilsindikativ der ethische Imperativ, »sich fernzuhalten« (^{3b}) von allem, was Signum der Zugehörigkeit zum Unheilsbereich ist und daher unter dem Gericht Gottes steht (^{6b}).

4^{9f} Den usuellen, nicht aktuellen Charakter konkreter Einzelparänese in den Paulusbriefen unterstreicht die Art der Mahnung zur Bruderliebe, die eigentlich ein Lob darstellt. Obwohl Paulus seinen Lesern bestätigen kann, daß sie hierin keiner Mahnung bedürfen, kommt er auf diesen Punkt dennoch zu sprechen. Mit ihrer vorbildlichen Bruderliebe erweisen sich die Thessalonicher als »von Gott selber gelehrt« und damit als Gemeinde der eschatologischen Heilszeit, der Gottes heiliges Pneuma geschenkt ist (^{8b} Ez 36^{27}).

4^{11f} Die Aufforderung, in Ruhe der eigenen Arbeit nachzugehen, mit der Begründung, wohlanständig vor denen draußen dazustehen und auf niemand angewiesen zu sein, ist wohl nur im Zusammenhang mit der Parusieerwartung verständlich zu machen, auch wenn diese Verbindung hier direkt nicht hergestellt ist. Wer aber wie die Thessalonicher in der Überzeugung lebt, daß die Parusie ganz nahe ist, der sieht die Welt

Die Hoffnung der Christen: 4^{13-18}

13–17 [13] Brüder, wir wollen euch über die Verstorbenen nicht in Unkenntnis
2 Thess 2^{1-12} lassen, damit ihr nicht trauert wie die anderen, die keine Hoffnung
1 Kor $15^{3f.20f}$ haben. [14] Wenn Jesus – und das ist unser Glaube – gestorben und auf-
erstanden ist, dann wird Gott durch Jesus auch die Verstorbenen zu-
sammen mit ihm zur Herrlichkeit führen. [15] Denn dies sagen wir euch

4^{14} Wörtlich: »Denn wenn wir glauben: Jesus starb und stand auf, so (glauben wir damit) auch: Gott wird die Entschlafenen durch Jesus zusammenführen mit ihm«.

mit anderen Augen, und er ist u. U. auch geneigt, den harten Alltag nicht mehr so ernst zu nehmen. Wenn der Apostel in ^{11b} daran erinnert, daß er die Anweisung zu einem geordneten Alltagsleben von Anfang an gegeben hat, dann verrät er damit, daß ihm die latente Gefahr eines endzeitlichen Enthusiasmus in seinen jungen Gemeinden bewußt war. Für ihn ging es wohl nicht zuletzt um die Abwehr der Gefahr, daß mit solchem Schwärmertum die Sache des Evangeliums »vor denen draußen« von vornherein in Mißkredit geraten mußte.

Die Themen, die Paulus mit seiner konkreten Paränese in 4^{1-12} anschneidet, sind von elementarer Bedeutung für individuelles und mitmenschliches Leben immer und überall und so gesehen noch nicht spezifisch christlich. Für die Verkündigung käme es wohl darauf an, wie es Paulus für seine Situation intensiv unternommen hat und was das eigentlich Neue seiner Ethik ausmacht, Christsein im jeweiligen Heute in seinen verschiedenen konkreten und aktuellen Aspekten von der christlichen Botschaft her nachvollziehbar zu machen. So werden etwa die Sexualität des Menschen oder sein soziales Verhalten unter Einbeziehung veränderter Voraussetzungen immer wieder in einer Weise Themen der Verkündigung sein müssen, daß sie etwas mit »Evangelium« zu tun haben.

4^{13}–5^{11} Der Abschnitt steht unter dem einheitlichen Thema der Parusiehoffnung. In 4^{13-18} wird das Thema im Blick auf verstorbene Gemeindemitglieder erörtert. In 5^{1-11} wird den Lebenden, also den Gemeindemitgliedern selbst, eine Existenz in eschatologischer Erwartung vor Augen geführt. In formaler Hinsicht nehmen beide Texteinheiten mit einem einleitenden »über« Bezug auf den jeweils anstehenden Aspekt des Parusiethemas. Man kann darin einen sprachlichen Hinweis sehen, daß Paulus hier Informationen oder Anfragen aufgreift, die Timotheus aus der Gemeinde mitgebracht hat.

4^{13-18} Mit der »Bruder«-Anrede leitet Paulus das neue Thema »Über die Verstorbenen« ein. Gemeint sind damit verstorbene Gemeindemitglieder, wie die Wendung »die in Christus Verstorbenen« 4^{16} verdeutlicht. Das Problem, das es zu bereinigen gilt, ist nicht die ganz normale Trauer oder ein wie immer gearteter Jenseitspessimismus angesichts von Todesfällen. Vielmehr sind die Thessalonicher offensichtlich in Sorge um das Schicksal von inzwischen verstorbenen Glaubensbrüdern im Hinblick auf die bevorstehende Parusie. Sie sind in Gefahr, in dieser Hinsicht gleich zu werden den »anderen, die keine Hoffnung haben« (^{13}). Den

nach einem Wort des Herrn: Wir, die Lebenden, die noch übrig sind, 1 Kor 15[23.51f];
wenn der Herr kommt, werden den Verstorbenen nichts vorausha- Joh 17[24]
ben. [16] Denn der Herr selbst wird vom Himmel herabkommen, wenn
der Befehl ergeht, der Erzengel ruft und die Posaune Gottes erschallt.

Adressaten wird damit zuerkannt, daß sie durchaus Hoffnung haben. Das hebt sie ja ab von den »anderen«. Zusammen mit dem Apostel teilen sie wie selbstverständlich die Überzeugung, bei der Parusie noch am Leben zu sein ([15b]). Aber offensichtlich sind sie in Unkenntnis darüber, daß ihre Hoffnung, d.h. ihre Parusieerwartung, die Entschlafenen miteinschließt. Diesen »Mangel« ihres »Glaubens« (3[10]) will Paulus beheben, wenn er sagt, er wolle sie »über die Verstorbenen nicht in Unkennntis lassen« (4[13]; vgl. Marxsen 63ff).

Als Basis für seine Argumentation stellt er in [14a] nun zunächst eine von ihm selbst schon übernommene geprägte Bekenntnisformel hin, die Tod und Auferstehung Jesu umfaßt. Wie schon nach 1[10] die Heilszukunft (= Parusie) garantiert ist im Heilsgeschehen der Vergangenheit, nämlich darin, daß Gott Jesus »auferweckte von den Toten«, so ist auch hier wieder das zukünftige Heilsereignis der Parusie garantiert im christologisch-soteriologischen Perfekt, wie es in der erwähnten Bekenntnis-Formel festgehalten ist. Entsprechend der Intention unseres Abschnitts werden die Entschlafenen in diesen Heilshorizont miteinbezogen, indem gesagt wird, daß damit auch ihr Endheil gewährleistet ist: Gott wird sie in der Parusie »durch Jesus ... mit ihm (zur Herrlichkeit) führen« ([14b]). Die Wendung »durch Jesus« ist dabei als formelhafte Zusammenfassung des ganzen Heilsgeschehens zu verstehen.

Das in [14] Gemeinte wird in [15–17] weiter ausgeführt und mit apokalyptischen Vorstellungen veranschaulicht. Dabei beruft sich Paulus für seine Darstellung zunächst auf ein »Wort des Herrn« ([15a]) und beansprucht so – was sonst auch immer damit gemeint sein mag – für die Zuverlässigkeit dessen, was er sagen will, die Autorität des Kyrios. In [15b] wird vorweg formuliert, was die traditionellen apokalyptischen Bilder in [16.17] illustrieren: »Wir, die Lebenden, die Übrigbleibenden bis zur Parusie des Kyrios, werden keineswegs voraussein den Entschlafenen« (EÜ macht aus dem Terminus technicus »Parusie« einen Wenn-Satz). Hier wird explizit gesagt, welches das Problem der Adressaten ist: Sie sind in Sorge, ob die verstorbenen Gemeindeglieder des eschatologischen Heils ebenfalls teilhaftig werden, das die Parusie des Kyrios ihnen, den Lebenden, bereiten wird (vgl. 4 Esr 13[17f]). Die apokalyptischen Anschauungen, mit deren Hilfe in [16.17] die uneingeschränkten Heilsaussichten der schon verstorbenen Glaubensbrüder bei der Parusie dann gleichsam nachgewiesen werden, sind alle gut jüdische bzw. urchristliche Tradition: Der Initiator der Endereignisse ist Gott selbst. Sein »Befehlswort« wird von der »Stimme eines Erzengels« und von der »Posaune Gottes« (vgl. 1 Kor 15[52] Mt 24[31] 4 Esr 6[23]) aufgenommen und weitergetragen. Unter diesen eschatologischen Signalen wird der Kyrios vom Himmel her erscheinen ([16a]) – in der synoptischen Tradition im Anschluß an Dan 7[13] der Menschensohn –, um die Seinen weg von der Erde zu »entreißen in

Zuerst werden die in Christus Verstorbenen auferstehen; 17 dann werden wir, die Lebenden, die noch übrig sind, zugleich mit ihnen auf den Wolken in die Luft entrückt, dem Herrn entgegen. Dann werden wir immer beim Herrn sein. 18 Tröstet also einander mit diesen Worten!

Aufforderung zur Bereitschaft für den Tag des Herrn: 5^{1-11}

Mt 24^{43}; 5 1 Über Zeit und Stunde, Brüder, brauche ich euch nicht zu schreiben.
Lk 12^{39}; 2 Ihr selbst wißt genau, daß der Tag des Herrn kommt wie ein Dieb

Wolken zur Begegnung« mit ihm »in der Luft« (^{17}). In dieses apokalyptische Gemälde vom Menschensohn bzw. Kyrios, der bei seinem endzeitlichen Kommen die Seinen zum eschatologischen Heil führt, fügt Paulus die ebenfalls apokalyptische Anschauung von der Totenauferstehung ein (Marxsen 67f): Zuerst werden beim Kommen des Herrn »die in Christus Verstorbenen«, d.h. die verstorbenen Glaubenden auferstehen (^{16b}). Dann werden sie unterschiedslos zusammen mit den Lebenden dem eschatologischen Heil der endgültigen Gemeinschaft mit dem Kyrios zugeführt werden (^{17}). Damit hat Paulus sein Argumentationsziel erreicht, und so, wie er den Thessalonichern damit ermutigend zugeredet hat, so sollen sie es nun gegenseitig unter sich tun (^{18}).

Die Verkündigung wäre nicht gut beraten, wollte sie unseren Text als Information über die sogenannten »letzten Dinge« auswerten. Der Paulus von 1 Thess 4^{13-18} würde damit in die historische Ferne der jüdischen Apokalyptik gerückt und damit eben auch, natürlich unausgesprochen, als unverkündbar oder zumindest für Glauben heute als irrelevant erklärt. Entscheidend wäre wohl, da anzusetzen, wo Paulus selber ansetzt: beim Bekenntnis zu der in Christus geschaffenen Heilssituation, die dem Glaubenden die eschatologische Zukunft so erschließt, daß sie seine Existenz in der Gegenwart bestimmt. Solche eschatologische Verkündigung ist gewiß nicht einfach. Aber so unzulänglich sie auch immer ausfallen mag, jedenfalls bewahrt sie davor, religionsgeschichtliches Wissen aus dem Bereich der jüdischen Apokalyptik, aufgewertet zur kirchlichen Lehre über die letzten Dinge, einfach zu repetieren und damit Texte wie 1 Thess 4^{13-18} ihres Verkündigungsgehalts zu berauben.

5^{1-11} Mit einem erneuten »über« rückt Paulus einen weiteren Aspekt der eschatologischen Zukunftserwartung in den Mittelpunkt seiner Ausführungen, die Frage nach dem »Wann«. Sie ist für die Adressaten offensichtlich zu einem Problem geworden. Denn wer in Sorge ist um das Heil vor der Parusie verstorbener Glaubensbrüder, der muß sich fast notgedrungen auch um seine eigene Heilserlangung sorgen, sollte er vor Eintritt der Parusie sterben. Tenor des Abschnitts ist daher wie schon in 4^{13-18}, im Kontext der Parusie-Hoffnung Heilsgewißheit zu begründen, jetzt im Blick auf die Lebenden. Wie eng in der Sache beide Texteinheiten zusammengehören, erhellt vor allem aus 5^{10}.

5^{1-3} Die Wendung »über Zeiten und Zeitabschnitte« (EÜ ungenau) verrät das in der apokalyptischen Spekulation verbreitete Interesse der Thessalonicher an einem errechenbaren Ablauf der Endereignisse. Paulus lenkt

in der Nacht. 3 Während die Menschen sagen: Friede und Sicherheit!, 2 Petr 3^{10}
kommt plötzlich Verderben über sie wie die Wehen über eine Offb 3^{3}; 16^{15}
schwangere Frau, und es gibt kein Entrinnen. 4 Ihr aber, Brüder, lebt ^{3}; Mt 24^{38f};
nicht im Finstern, so daß euch der Tag nicht wie ein Dieb überra- Lk 21^{34f}
schen kann. 5 Ihr alle seid Söhne des Lichts und Söhne des Tages.
Wir gehören nicht der Nacht und nicht der Finsternis. 6 Darum wol-
len wir nicht schlafen wie die anderen, sondern wach und nüchtern Röm 13^{11f}
sein. 7 Denn wer schläft, schläft bei Nacht, und wer sich betrinkt, be-
trinkt sich bei Nacht. 8 Wir aber, die dem Tag gehören, wollen nüch-
tern sein und uns rüsten mit *dem Panzer* des Glaubens und der Liebe Jes 59^{172};
und mit *dem Helm* der Hoffnung auf *das Heil.* 9 Denn Gott hat uns Weish 5^{18f};
nicht für das Gericht seines Zorns bestimmt, sondern dafür, daß wir Eph 6^{14-17}
2 Thess 2^{14}

5^{8} »Wir wollen ... uns rüsten« ist eine sprachlich und theologisch sehr ungenaue Wiedergabe des Partizips: »angelegt habend« (= als solche, die angelegt haben), was primär auf den Heilsempfang in der Taufe verweist und erst sekundär imperativische Bedeutung hat.

sogleich mit zwei bildhaften Aussagen von der Fixierung auf das »Wann« weg: Der nächtliche Dieb (^{2b}) veranschaulicht die Unberechenbarkeit und das Bild von den Geburtswehen der Schwangeren (^{3}) die unentrinnbare Plötzlichkeit, mit der das Ende hereinbricht. Antithetisch werden von hier an die Glaubenden von den übrigen abgehoben (»ihr aber« ^{4}).

5^{4f} Das Bild vom Dieb in der Nacht wird jetzt in den Gegensatzpaaren »Tag – Nacht«, »Licht – Finsternis« fortgeführt und damit die Zeit zwischen Ostern und Parusie qualifiziert und den Glaubenden gesagt, wo sie stehen. Die Benennung als »Söhne des Lichts und Söhne des Tages« (^{5}) meint eine existentielle Zugehörigkeit zum eschatologischen Heilsbereich, zur neuen Weltzeit, die mit dem Christusgeschehen schon angebrochen ist. In diesem dialektischen Gegenüber von »Licht – Finsternis«, »Tag – Nacht« kommt sehr deutlich das paulinische eschatologische Zeit- und Weltverständnis zu Wort. Zeit ist für den Christusgläubigen zur »Zwischenzeit« geworden. Sie ist davon geprägt, daß in die gegenwärtige Welt, den noch fortdauernden alten Äon, die zukünftige Heilswirklichkeit, grundgelegt im Christusgeschehen, schon hereinragt.

5^{6-8} Ganz paulinisch erwächst aus dem Heilsindikativ der Imperativ zu einem entsprechenden Leben. »Sei, was du bist«, so könnte man die Intention dieser Verse zusammenfassen. Der Zugehörigkeit zum »Licht« und zum »Tag« entspricht »wachen und nüchtern sein« (^{6b}) im Unterschied zum Schlafen und Betrunken-Sein der übrigen, die der Finsternis und der Nacht zugehören ($^{6a-7}$). Die Mahnung zum Nüchtern-Sein wird in ^{8} konkretisiert mit der Aufforderung, die Waffenrüstung von Glaube, Liebe und Hoffnung auf Heil »angelegt zu haben« (vgl. 1^{3}).

5^{9f} Wie die eschatologische Paränese aus einer Heilsaussage (^{4f}) herausgewachsen ist, so mündet sie jetzt wieder in eine solche ein: Die Thessalonicher dürfen die Gewißheit haben, daß Gott sie »bestimmte zur Erwerbung (oder: zum Besitz) des Heils« (^{9}). Paulus fügt dem die Christusformel an (^{9b}), um zu sagen, daß die Er-

durch Jesus Christus, unseren Herrn, das Heil erlangen. 10 Er ist für
4^{14}; Röm 14^{8f} uns gestorben, damit wir vereint mit ihm leben, ob wir nun wachen
oder schlafen. 11 Darum tröstet und ermahnt einander, und einer
richte den andern auf, wie ihr es schon tut.

Anweisungen für das Gemeindeleben: 5^{12-22}

1 Kor 16^{15f} 12 Wir bitten euch, Brüder: Erkennt die unter euch an, die sich solche
Mühe geben, euch im Namen des Herrn zu leiten und zum Rechten
anzuhalten. 13 Achtet sie hoch, und liebt sie wegen ihres Wirkens!
Haltet Frieden untereinander!

5^{12} Die Übersetzung: »... die sich solche Mühe geben, euch im Namen des Herrn zu leiten und zum Rechten anzuhalten«, ist grammatisch unrichtig und theologisch vom eigentlichen Sinn tendenziös abweichend.

möglichung dazu geschaffen ist in dem Heil, das Gott in Christus schon gewirkt hat. Die Rolle des Kyrios Jesus als Heilsmittler wird in 10 bestimmt mit der präzisen Antithese: »für uns gestorben, damit wir vereint mit ihm leben«. Das Heil besteht in der Lebensgemeinschaft mit dem erhöhten Kyrios, die alle Glaubenden gleichermaßen umfaßt, ob sie »wachen oder schlafen«, das heißt im Gegensatz zu 5^{6}, ob sie leben oder schon gestorben sind. Wie schon 4^{18} ruft Paulus abschließend 11 seine Leser auf, sich selber gegenseitig im Sinn seiner Ausführungen ermutigend zuzureden und zu erbauen.

Was Paulus in 5^{1-11} als ein »Leben zwischen den Zeiten« qualifiziert, ließe sich für die Gegenwart vielleicht so umschreiben: Aus paulinischer Perspektive bedeutet das weder »Welt«flucht in apokalyptischer Passivität und Jenseitsorientiertheit, noch auch Identifizierung mit irgendeiner Art »Welt«zustand als des vermeintlich christlichen. Vielmehr beurteilt der Glaubende die Gegenwart von der Zukunft her, die in der in Jesus Christus offenbar gewordenen Liebe Gottes erschlossen ist. Christsein im Sinn von 1 Thess 5^{1-11} wäre demnach zu formulieren als eschatologisch begründete, kritische Distanz zur »Welt«, die in der Wachheit und Nüchternheit von Glaube, Liebe, Hoffnung aktiv wird. Dies je neu zu aktualisieren und zu konkretisieren, wäre Aufgabe einer wachen und nüchternen Verkündigung.

5^{12-22} Mit der Grundforderung gemeindlichen Lebens, sich gegenseitig zu »erbauen« (5^{11}), ist schon das Stichwort gegeben für das Sachanliegen der brieflichen Schlußparänese 5^{12-22}. In loser Aneinanderreihung gibt Paulus konkrete Einzelweisungen, die alle auf ein gedeihliches Miteinander in der Gemeinde zielen. Ihre Originalität bezieht solche traditionsgeprägte Mahnung (vgl. Röm 12^{9-21} Hebr 13^{1-7} 1 Petr 3^{8-12} Jak Spr Sir TestXII) aus der Intention des Autors, nicht Moralweisheiten zu tradieren, sondern auf der Basis der Verantwortlichkeit aller den Bestand einer konkreten Gemeinde von Glaubenden zu garantieren.

5^{12f} Mit der »Bruder«- bzw. »Geschwister«-Anrede – sie begegnet in dem kurzen Schreiben vierzehnmal – bittet Paulus um Anerkennung für Leute, die in verschiedener Weise für

14 Wir ermahnen euch, Brüder: Weist die zurecht, die ein unordentli-
ches Leben führen, ermutigt die Ängstlichen, nehmt euch der Schwa-
chen an, seid geduldig mit allen! 15 Seht zu, daß keiner dem andern Spr 20^{22};
Böses mit Bösem vergilt, sondern bemüht euch immer, einander und Röm 12^{17};
allen Gutes zu tun. 1 Petr 3^{9}
16 Freut euch zu jeder Zeit!
17 Betet ohne Unterlaß! Lk 18^{1};
18 Dankt für alles; denn das will Gott von euch, die ihr Christus Jesus Röm 12^{12};
gehört. Eph 6^{18};
Kol 4^{2}

5^{18} Wörtlich: »Denn dies (ist) Wille Gottes in Christus Jesus für euch«.

die Gemeinde tätig werden. Drei Partizipialformen, mit einem jeweiligen »und« parallel geschaltet, umschreiben diese Tätigkeit: »die Sich-Mühenden bei euch und Sich-Kümmernden um euch im Herrn und euch Zurechtweisenden«. Mit dieser Ausdrucksweise wird die noch nicht institutionalisierte und noch nicht an bestimmte »Amts«personen gebundene Wahrnehmung aller Aufgaben, die in der Gemeinde anfallen, umschrieben, angefangen von einfachen organisatorischen Notwendigkeiten bis hin zur »seelsorglichen« Zurechtweisung. In ^{13a} nennt Paulus gleichsam als theologisches Kriterium für die geforderte Anerkennung und Hochschätzung »ihr Werk«. Er meint damit das besondere »Werk«, das »im Kyrios« geschieht, das er auch »das Werk in Christus« nennen kann (1 Kor 16^{10} Phil 2^{30}). Es ist letztlich der Dienst am Evangelium. Beanspruchte Autorität in der Gemeinde muß sich nach paulinischem Verständnis daran messen lassen.

5^{14f} Mit der überleitenden, in den Paulusbriefen häufigen Mahnung, Frieden zu halten untereinander (^{13b}), setzt der Apostel mit der »Bruder«-Anrede erneut an, an die Verantwortung aller zu appellieren, wo diese gefordert ist. Mit den »Unordentlichen« (EÜ übersetzt mit Relativsatz) kommen solche Gemeindeglieder in den Blick, die aus ihrem Parusie-Enthusiasmus heraus geneigt sind, den geordneten und wohl auch beschwerlichen Alltag hinter sich zu lassen (vgl. 4^{11f}). Die »Kleinmütigen« wird man in Zusammenhang bringen müssen mit der Besorgnis hinsichtlich der Parusie (vgl. 4^{13}–5^{11}). Die »Schwachen« sind nicht Kranke oder im moralischen Sinn Gefährdete, sondern irgendwie in ihrer Glaubensüberzeugung Befangene (vgl. Röm 14 15 1 Kor 8). »Seid geduldig mit allen« nennt die Grundeinstellung, aus der heraus gegenseitiges Ermahnen und Zureden geschehen soll. Mit dem Verbot der Rachsucht, ins Positive gesteigert, jedem gegenüber auf das Gute auszusein (^{15}), fügt Paulus eine Fundamentalregel menschlichen Miteinanders an, die, so oder ähnlich formuliert, gut biblische Tradition ist (vgl. Röm 12^{17-21} mit Randverweisen).

5^{16-18} Aufforderungen wie die zu ungebrochener Freude, zu anhaltendem Beten und zu Danksagung in jeder Situation kehren in den Paulusbriefen in verschiedener Form immer wieder. Für den Apostel geht es dabei um nichts Geringeres als um typische Äußerungen, wie sie dem neuen Sein in Christus angemessen sind. Daher auch die zusammenfassende Begründung: »Denn das will Gott von euch, die ihr Christus Jesus gehört« (^{18b}).

19 Löscht den Geist nicht aus!
20 Verachtet prophetisches Reden nicht!
1 Joh 4^1 21 Prüft alles, und behaltet das Gute!
Ijob $1^{1.8}$; 2^3 22 Meidet das Böse in jeder Gestalt!

DER SCHLUSS DES BRIEFES: SEGEN UND GRUSS: 5^{23-28}

23 Der Gott des Friedens heilige euch ganz und gar und bewahre eu-
ren Geist, eure Seele und euren Leib unversehrt, damit ihr ohne Tadel
1 Kor 1^9; seid, wenn Jesus Christus, unser Herr, kommt. 24 Gott, der euch be-
2 Thess 3^3 ruft, ist treu; er wird es tun.

5^{19-22} In kurzen Andeutungen kommt Paulus auf ein letztes Thema zu sprechen, das er später (vgl. 1 Kor 12–14) ausführlich und differenziert erörtern wird: die Geistwirkungen, d.h. die Charismen in der Gemeinde. Mit der Aufforderung, das Pneuma nicht auszulöschen (^{19}), unterstreicht er sein charismatisches Gemeindeverständnis. Besonders hebt er dabei das prophetische Reden heraus (^{20}), weil vor allem dieses Charisma der »Erbauung« der Gemeinde dient. Denn wer prophetisch redet, der »sagt Menschen Erbauung und Ermutigung und Zuspruch« (1 Kor 14^4). Zugleich aber traut der Apostel seiner Gemeinde eine kritische Urteilsfähigkeit hinsichtlich der charismatischen Phänomene zu: Das Gute soll sie festhalten, von Schlechtem sich fernhalten (^{21f}).

In 5^{12-22} kommt mit der Betonung brüderlicher Gegenseitigkeit und der Verantwortlichkeit aller ein Gemeindeverständnis zu Wort, in dem in der Gegenwart nicht zu Unrecht die in die Zukunft weisende neutestamentliche Idealgemeinde gesehen wird, die herrschaftsfreie Gemeinde von der Basis her oder, herkömmlicher formuliert, die Brudergemeinde. Nun kann ekklesiale Orientierung am NT gewiß nicht einfach so geschehen, daß man – zweitausend Jahre Kirchengeschichte und Glaubensentwicklung überspringend – meint, Formen gemeindlichen Lebens aus der Ursprungszeit mit ihren noch nicht zur Großkirche zusammengewachsenen Kleinstgemeinden für die Gegenwart einfach kopieren zu können. Aber die Grundelemente, von denen her Paulus in unserem Text auf Realisierung von »Gemeinde« drängt, sind essentiell für das neutestamentliche Verständnis von »Kirche« und »Gemeinde« und daher auch unabdingbar kritischer Maßstab für das jeweilige Heute. Für den einzelnen Glaubenden eröffnet sich darin die Möglichkeit zur Identifikation mit »Gemeinde« und damit auch eine Möglichkeit zur Freude am Gemeinde-Sein.

5^{23-28} Mit Gebetswünschen ähnlich denen in 3^{11-13} leitet Paulus den Briefschluß ein. Sein Blick richtet sich wieder auf die Parusie des Kyrios (^{23b}), verbunden mit dem Wunsch und der Zuversicht, daß Gott sein Heilswerk bis dahin zu Ende führt. Die philosophisch-anthropologisch klingende Dreiteilung Geist – Seele – Leib umschreibt die Totalität, mit der Gottes Heil den ganzen Menschen umfaßt. Und so wie Gott am Anfang der Berufung zu dem neuen Weg stand, so wird er

25 Brüder, betet auch für uns! 2 Thess 3[1]
26 Grüßt alle Brüder mit dem heiligen Kuß! Röm 16[16]
27 Ich beschwöre euch beim Herrn, diesen Brief allen Brüdern vorzulesen. Kol 4[16]
28 Die Gnade Jesu Christi, unseres Herrn, sei mit euch!

sein Werk auch vollenden ([24]). Mit der Bitte um das fürbittende Gebet ([25]) gibt der Apostel noch einmal zu erkennen, daß er um seine Verwiesenheit auf die Gemeinde weiß. Der »heilige Kuss« ([26]), wohl orientalischen Ursprungs, war offensichtlich schon ganz früh Zeichen der besonderen Verbundenheit der christlichen Glaubensbrüder. Die beschwörende Bitte, den »Brief allen Brüdern vorzulesen« ([27]), könnte an Gruppenbildungen und Differenzen in der Gemeinde denken lassen. Das paßt aber gar nicht zu dem Bild, das man bisher gewonnen hat. Ist 1 Thess eine Briefkomposition, versteht sich [27] am einfachsten als Glosse des Redaktors, der damit dem heutigen 1 Thess Anerkennung für die gottesdienstliche Verlesung verschaffen will (Schenke 70). Mit einem Segenswunsch, der »die Gnade des Kyrios Jesus Christus«, d.h. das ganze Christusheil der Gemeinde zuspricht, schließt Paulus sein Schreiben.

EINLEITUNG

Die Naherwartungs-Eschatologie, die für 1 Thess (I) so charakteristisch ist, stellt ohne Zweifel das Thema dar, um dessentwillen 2 Thess (II) überhaupt erst geschrieben wurde. Die Situation hat sich allerdings insofern verschoben, als bei den Adressaten jetzt eine überschäumende Parusieerwartung zurückgedrängt und korrigiert werden muß (2^{1-12}). So betrachtet fügen sich die beiden Briefe durchaus aneinander. Bei näherem Hinsehen aber zeigt es sich, daß II literarisch und inhaltlich in einem sehr auffälligen Verhältnis zu I steht. Die Auslegung des II führt daher notwendig über die Erörterung und Klärung dieses Verhältnisses.

1. Das literarische Verhältnis zwischen I und II

Im Formalen lehnt sich II in seinem Gesamtaufriß eng an I an. Jeder Abschnitt von II hat eine Parallele in I, und zwar in der gleichen Reihenfolge. Bezeichnenderweise fallen die Abschnitte aus diesem Rahmen, in denen II sein spezifisches Anliegen vorbringt. Das ist die kleine Apokalypse 1^{5-10} und vor allem die eschatologische Belehrung 2^{1-12}. Bemerkenswert an diesem parallelen Aufriß ist nicht zuletzt die Übereinstimmung in dem, was die Literarkritik schon bei I zu Kompositionshypothesen herausgefordert hat: Wie I 2^{13} wiederholt II 2^{13} das Motiv der Danksagung, wie es sonst im Proömium begegnet. Beide Briefe erhalten durch Gebets- und Segenswünsche, wie sie sonst für den Briefschluß charakteristisch sind, eine Zäsur (I 3^{13}; II 2^{17}), um dann mit der parallelen Wendung »im übrigen« zum paränetischen Teil überzuleiten (I 4^{1}; II 3^{1}). Innerhalb dieses Rahmens häufen sich die Berührungen, wörtlichen Übereinstimmungen und parallelen Wendungen in einem Ausmaß, wie das zwischen anderen Paulusbriefen nicht einmal andeutungsweise der Fall ist. Soweit erforderlich, wird die Auslegung auf Einzelheiten hinweisen.
In einem besonders auffälligen Verhältnis zu I steht die eschatologische Belehrung II 2^{1-12}. Ohne es explizit zu erkennen zu geben, greift sie ganz offensichtlich die Thematik von I 4^{13}–5^{11} auf, um in der Sache selbst dann aber in eine bemerkenswert differierende Richtung zu gehen (s.u. 2). Auch der Hinweis auf den früheren Aufenthalt des Apostels in der Gemeinde in II 2^{5} ist sprachlich eine Anlehnung an I 3^{4}. Sachlich aber ist das, was Paulus nach 2 Thess in seiner mündlichen eschatologischen Predigt der Gemeinde gesagt hat, nicht zu harmonisieren mit der mündlichen Erstverkündigung nach I (s.u. 2). Zum Kernstück der Literarkritik gehört vor allem II 2^{13-17}. Übereinstimmungen und Abweichungen mit I 2^{13} und 3^{11-13} sind an dieser Stelle besonders signifikant. Die Zurechtweisung der *ataktoi* (Unor-

dentlichen) in der Schlußparänese II 3^{6-15} könnte in ihrer inhaltlichen und z. T. verbalen Verwandtschaft mit I (vgl. II 3^{10-12} mit I 4^{10b-12} und 5^{14}) in der nämlichen Gemeindesituation begründet sein. Aber auch hier sind die Indizien, die für literarische Abhängigkeit des II von I sprechen, nicht zu übersehen.

Angesichts des skizzierten Sachverhalts kann man sich dem weitgehend übereinstimmenden Urteil der Forschung schwerlich entziehen, der Verfasser von II habe I literarisch benützt. Bei der Beurteilung dieses Sachverhalts fällt, was die paulinische Verfasserschaft anlangt, die literarkritische Beobachtung ins Gewicht, daß II trotz der engen sprachlichen Beziehung zu I durchaus einen eigenen Stil und Ausdruck entwickelt, nicht selten an Stellen, an denen er thematisch und sprachlich an I anschließt. Einzelnes auch dazu in der Kommentierung!

Das Verhältnis des II zu I wird zusätzlich dadurch problematisiert, daß II zwar offenkundig I literarisch benützt, ihn aber zugleich verschweigt. Das geschieht zum einen in der Art, wie II alles übergeht, was in I an das persönliche Verhältnis des Apostels zu seiner Gemeinde erinnert (2^{1}–3^{10} außer 2^{13}). Zum anderen macht II auffällige Anspielungen auf Briefe, die aus dem Gesamtkontext heraus eher dahin zu zielen scheinen, I vergessen zu machen, als ihn neu ins Bewußtsein der Adressaten zu heben. So nimmt II 2^{1-12} durch literarische Anknüpfung und thematisch (s. o.) unverkennbar gezielt Bezug auf die Eschatologie von I 4^{13}–5^{11}, um diese dann aber eigenständig und sogar im Widerspruch zu I zu korrigieren. Zugleich jedoch betont der Paulus des II, die zu korrigierende Naherwartung könne sich nicht auf einen Brief von ihm berufen (2^{2}). Statt dessen beruft er sich für die in 2^{3-12} vertretene Eschatologie auf seine mündliche Verkündigung (2^{5}). Das heißt nichts anderes, als daß I in der Sache ganz überlegt und gezielt übergangen wird. Unterstrichen würde dies dann noch zusätzlich mit dem Hinweis auf das Echtheitszeichen in II 3^{17}.

2. *Das inhaltliche Verhältnis zwischen I und II*

Wer II für sich genommen liest, entdeckt schnell, daß der Brief seine konkrete Veranlassung in der eschatologischen Problematik hat, die in 2^{1-12} diskutiert wird. Alles andere bleibt mehr oder weniger allgemein und unpersönlich, höchstens noch, daß der in 3^{6-12} als »unordentlich« gerügte Lebenswandel mit der übersteigerten Parusieerwartung von 2^{2} zu tun hat. Aber gerade in dem Abschnitt, in dem es II um sein Ureigenes geht, treten dann die entscheidenden inhaltlichen Differenzen gegenüber I zutage. Es wird kein Zufall sein, wenn in diesem Stück dann auch die sprachlichen Anleihen bei I versiegen.

Die Sachdifferenzen in der eschatologischen Thematik zwischen I und II konzentrieren sich auf folgende Gesichtspunkte: Entgegen der

intensiven Naherwartung des I entwirft II in 2^{3-12} in gängiger apokalyptischer Manier so etwas wie einen apokalyptischen Fahrplan für die Zeit bis zum Ende. Er rückt damit die Parusie in unbestimmte Ferne und macht mit der Aufzählung ihr vorausgehender Ereignisse den Zeitpunkt des Endes gewissermaßen nachprüfbar. Er wendet sich mit dieser Argumentation gegen eine Strömung bei seinen Adressaten, die den Tag des Herrn als unmittelbar bevorstehend wähnt (2^{2}). Für sich genommen ist eine solche Eschatologie aus der Feder des Paulus noch kein unüberwindliches Problem. Problematisch wird sie erst im Gegenüber mit der Eschatologie des I. Denn unter der Voraussetzung der gleichen Autorschaft beruft sich Paulus beide Male auf seine mündliche Belehrung. Nach I 5^{1f} wissen die Thessalonicher genau, daß »Zeiten und Fristen« nicht errechenbar sind. In II 2^{5} wundert sich derselbe Paulus, daß seine Adressaten sich nicht mehr an die mündliche Belehrung über den stufenweisen Eintritt des Endes erinnern, wie er ihn im Kontext dann darlegt.
In weitere Widersprüche zu seinem ersten Brief verwickelt sich ein Paulus, der sich dagegen verwahrt, daß sich die gesteigerte Naherwartung auf einen Brief von ihm beruft (II 2^{2}). Die Nächsterwartung, die in der Parole: »Der Tag des Herrn sei schon da«, zum Ausdruck kommt und die sich offensichtlich auf einen Brief des Apostels beruft, findet Paulus so weit von seinem eigenen Standpunkt entfernt, daß er sich die Sache nur mit einem ihm untergeschobenen Brief erklären kann (2^{2}; 3^{17}). M. a. W.: Der Paulus des II kommt nicht auf den Gedanken, die intensive Nächsterwartung bei seinen Lesern könnte etwas zu tun haben mit der Parusiepredigt des I. Er übergeht diese vielmehr wortlos, indem er auf seine mündliche Verkündigung verweist, nach der seine Adressaten die in 2^{3-12} ausgebreitete Eschatologie eigentlich schon kennen müßten. Letztlich redet hier ein Paulus, der in der Frage der Parusieerwartung den Paulus von I nicht nur nicht zu kennen scheint, sondern ihn richtiggehend verleugnet.

3. *Die Abfassungsverhältnisse des 2 Thess*

Angesichts des skizzierten Sachverhalts ist es nicht mehr gut möglich, II als einen authentischen Paulusbrief verständlich zu machen. Geht man daher von dem aus, was das eigentliche Anliegen des II ist und worin er zugleich dem literarisch imitierten I widerspricht, dann hat man wohl das ausschlaggebende Indiz für die Abfassungsverhältnisse zur Hand. Der Verfasser des II schreibt für eine Situation, in der die Naherwartung der Anfangszeit, wie sie Paulus mit I bezeugt, zum Problem geworden ist. Daß in der Auseinandersetzung zwischen Autor und Adressaten tatsächlich die Eschatologie von I 4^{13}–5^{11} die maßgebliche Rolle spielt, macht die literarische Art der Themaformulierung in II 2^{1} sehr deutlich. Welche Intensität die Parusieerwartung bei den Adressaten in Wirklichkeit hatte, wissen wir nur aus der Sicht des Verfassers von II, der sie in 2^{2} wiedergibt mit dem Satz: »Der Tag des Herrn ist da«, was wohl meint: Die Parusie steht unmittelbar bevor. Damit kann eine Naherwartung umschrieben sein, die sich von der Parusiebotschaft des I nicht groß unterscheidet, die aber wegen der andauernden Verzögerungen zum Problem geworden ist. Darin, und nicht in einer gegenüber I explosiv gesteigerten Naherwartung, liegt die entscheidende Differenz. Mit der ganzen Art seines schriftstellerischen Unternehmens gesteht der Autor des II ja indirekt die Schwierigkeit ein, mit der er fertig werden muß, daß nämlich die Parusie-Enthusiasten Paulus zunächst auf ihrer Seite haben, daß Christsein in eschatologischer Naherwartung sich durchaus auf Paulus berufen konnte. Deshalb schreibt er einen »Paulusbrief«, näherhin einen Thessalonicherbrief, um klarzumachen, daß die zum Streitpunkt gewordene – paulinische (!) – Naherwartung nicht paulinisch sei.

In diesem Vorgehen tritt aber zugleich zutage, wie sehr Paulus für den Autor von II ebenfalls Autorität ist, so sehr, daß er in einem fingierten Paulusbrief den Apostel in einer kirchengeschichtlich veränderten Situation sich selbst auslegen läßt. Dabei wird I mit seiner Parusieerwartung allerdings nicht einfach kommentiert und interpretiert, sondern seine Existenz wird, wie die Gegenüberstellung gezeigt hat, trotz literarischer Imitation übergangen, und seine spezifische Eschatologie wird eliminiert. Der Abfassungszweck des II wäre dann insgesamt, I wegen seiner problematischen Eschatologie überhaupt zu verdrängen und ihn mit dem »echten« Thessalonicherbrief zu ersetzen (Lindemann).

Die Abfassungszeit des II läßt sich nur ungefähr markieren. Sie fällt auf jeden Fall in eine Epoche der frühesten Kirchengeschichte, als die urchristliche Naherwartung zum Problem geworden war, das theologisch aufgearbeitet werden mußte. Charakteristisch für diese Epoche ist auch, daß Paulus in nachpaulinischer Zeit in einer Weise Autorität ist, nicht zuletzt durch seine Briefe, daß man in seinem Namen Gemeindebriefe, d.h. fingierte Paulusbriefe verfaßt (Kol, Eph, 1/2 Tim; Tit). Alles in allem kommen somit für die Niederschrift des II in etwa die letzten zwei Jahrzehnte des ersten Jahrhunderts in Betracht. Seine Adressaten sind dort zu suchen, wo Paulus in dieser Zeit durch seine Briefe, nicht zuletzt durch 1 Thess, Autorität war, d.h. auf seinem ursprünglichen Missionsfeld Griechenland oder Kleinasien.

4. Zum Verständnis des 2 Thess als pseudepigraphischer Schrift im Kontext frühchristlicher Pseudepigraphie

Wenn der Verfasser des 2 Thess davon überzeugt ist, Paulus für seine Zeit richtig zu verstehen, warum schrieb er nicht in seinem eigenen Namen? Warum erweckt er ganz gezielt den Anschein, Paulus zu sein? Diese Frage muß sich hier notwendigerweise aufdrängen. Die Antwort ist nicht durch eine isolierte Betrachtung des 2 Thess zu finden, sondern nur im Kontext des Phänomens der frühchristlichen und antiken Pseudepigraphie überhaupt. Als pseudepigraphischer Brief legt 2 Thess Zeugnis ab für eine Epoche, für die neben der Anonymität die pseudapostolische Zuschreibung charakteristisches literarisches Mittel ist zur Bewahrung und Tradierung der Christusbotschaft. Daß die neutestamentlichen pseudepigraphischen Schriften durchweg apostolische Verfasserschaft beanspruchen, signalisiert in sich schon ein ausgeprägtes Verhältnis zum Ursprung als der Maßgabe für die Gegenwart, eine Denkweise, die für antike Pseudepigraphie überhaupt charakteristisch ist. Für das Frühchristentum bezieht diese Orientierung am Ursprung als der Norm für die Gegenwart ihre spezifische Intensität aus der Überzeugung, daß das Christusgeschehen, in der Geschichte verifizierbar, letztgültiges eschatologisches Heilshandeln Gottes im Sohn war. So gesehen gehört Identität und Kontinuität mit dem Ursprung wesensnotwendig zum Selbstverständnis der Kirche. Es war die kirchengeschichtlich unumgängliche Aufgabe der dritten, d. h. der sogenannten nachapostolischen Generation, der auch der Verfasser des 2 Thess angehört, dies erstmals zu reflektieren, und zwar um so intensiver, je mehr man sich vom Ursprung zeitlich entfernte, je länger das Ende ausblieb und je mehr neue Antworten gegeben werden mußten. Ergebnis dieser Reflexion ist die Idee des »Apostolischen«, wie sie u. a. in der Abfassung von »Apostelbriefen« zum Ausdruck kommt. Auf dem paulinischen Missionsfeld kommt hinzu, daß Paulus mit seiner Praxis der Gemeindebriefe selber anregend im Sinn einer späteren pseudepigraphischen Zuschreibung gewirkt haben mag. So wie der Apostel die Zeit seiner Abwesenheit von den Gemeinden durch Briefe überbrückte und durch sie anwesend sein wollte, so überbrückt die »Paulusschule« in nachpaulinischer Zeit die immer größer werdende zeitliche Distanz zum Apostel durch fingierte Briefe.

Dabei macht gerade 2 Thess deutlich, daß trotz pseudepigraphisch behaupteter Kontinuität die Diskrepanz in der Sache erheblich sein kann. Hat 2 Thess als kanonische Schrift die paulinische Eschatologie für seine Situation so bewahrt, daß sie im Sinn des Paulus »apostolisch« genannt werden kann, oder geschieht die Berufung auf Paulus vielmehr nur formal als Mittel zur Durchsetzung? So verweist 2 Thess als pseudepigraphische Schrift im neutestamentlichen Kanon von sich aus auf jene theologischen Zusammenhänge, wo nach der eigentlichen Mitte des Neuen Testaments gefragt werden muß.

Neben der theologisch-ekklesiologischen Seite neutestamentlicher Pseudepigraphie ist nun allerdings auch die literarhistorische zu beachten. Unter diesem Aspekt gehören die pseudapostolischen Zuschreibungen im Neuen Testament in das Kapitel antiker Fälschungsgeschichte und Echtheitskritik. Das schriftstellerische Unternehmen des Verfassers des 2 Thess z. B. ist eindeutig von dem Willen geleitet, über die wahre Verfasserschaft hinwegzutäuschen. Literarhistorisch im Kontext antiker Pseudepigraphie kann das nach heutigem Kenntnisstand nicht mehr einfach als unanstößige beliebte Literaturform abgetan, sondern muß als literarische Fälschung eingestuft werden. Dem Autor muß damit noch nicht bestritten sein, subjektiv im Interesse des theologisch-ekklesiologischen Zusammenhangs von der Legitimität seines Tuns überzeugt gewesen zu sein. Er glaubt, legitimerweise die apostolische Autorität für sich beanspruchen zu können, indem er dem Paulus, wie er im Paulusbild der Nachwelt weiterlebt, also einem immer schon interpretierten Paulus seine Stimme bzw. seine Feder leiht.

Darüber hinaus nach der Bewußtseinslage eines pseudepigraphischen Schriftstellers wie dem des 2 Thess zu fragen, führt wohl kaum zu Ergebnissen. Auf welche kuriosen Ungereimtheiten man dabei stößt, erhellt am besten die Tatsache, daß nicht selten gegnerische Schriften mit dem Mittel literarischer Fälschung als Fälschungen anrüchig gemacht wurden. Der Pseudo-Paulus des 2 Thess bewegt sich ganz in dieser Nähe. Mit der Echtheitsbeteuerung in 3^{17}, also mit dem Mittel der Fälschung, will er dem Verdacht vorbeugen, ein Fälscher zu sein, nachdem er schon in 2^{2} mit der Wendung »durch einen Brief, als ob er von uns stammte« auf die Möglichkeit einer Fälschung angespielt hatte.

5. *Eigenart und Inhalt*

In seiner Eigenart und damit in dem, was er an historisch-kritischen Auskünften zu geben vermag, gewinnt man 2 Thess erst, wenn man ihn als echten Paulusbrief aufgibt und ihn als das nimmt, was er in Wirklichkeit ist, als ein auf seine Art typisches Dokument der neutestamentlichen Spätzeit. Was dazu schon gesagt wurde, wird die Auslegung noch weiter verifizieren können, etwa am Beispiel des Verständnisses von »Evangelium«, das jetzt verfestigt ist zur »Wahrheit« im Sinn der wahren christlichen Lehre ($1^{8.10}$ $2^{10-12.13}$), oder auf dem Hintergrund des absolut gebrauchten Begriffs »Paradosis« im Sinn von »überlieferte apostolische Lehre« (2^{15}).

Der Brief hat auch im ganzen viel stärker den Charakter eines Lehrschreibens als den eines persönlichen Briefes. In seinem Kernstück 2^{1-12} versucht er, das Problem der Parusieverzögerung theologisch aufzuarbeiten. Um diesen Abschnitt gruppieren sich Texte, die durch literarische Nachahmung des paulinischen 1 Thess die vertretene Eschatologie als »apostolisch« apostrophieren sollen. Auf das paulinische Präskript 1^{1f} folgt ein Briefeingang (Proömium 1^{3-12}) mit einem eingeschobenen apokalyptischen Gemälde vom Endgericht ($^{5-10}$). Darin wird eine rigorose, typisch jüdisch-apokalyptische Vergeltungslehre propagiert. Ein sehr allgemein gehaltener Teil mit Dank und Bitten (2^{12}–3^{5}) steht als Zwischenstück zwischen der eschatologischen Belehrung 2^{1-12} und der Zurechtweisung der Nichtstuer 3^{6-15}. Der Briefschluß 3^{16-18} hält sich, von der auffälligen Echtheitsbeteuerung in ^{17} abgesehen, an paulinische Gepflogenheiten.

6. *Zum Kommentar*

Wie aus ihrer Einleitung und verschiedenen Fußnoten zu ersehen ist, versteht EÜ den zweiten Thessalonicherbrief als echten Paulusbrief. Demgegenüber wird in der folgenden Kommentierung versucht, 2 Thess als pseudepigraphische Schrift verständlich zu machen. Konsequent unter diesem Vorzeichen ist das Schreiben bisher vor allem von W. Marxsen und W. Trilling kommentiert worden. Künftige Auslegungen, ob wissenschaftliche oder allgemeinverständliche, werden an diesen beiden Kommentaren nicht mehr vorbeisehen können.
Da der Verfasser des sogenannten zweiten Thessalonicherbriefes in gezielter literarischer Anlehnung an den ersten Thessalonicherbrief schreiben wollte und geschrieben hat, ist bei der Auslegung ein ständiger literarischer und inhaltlicher Vergleich zwischen beiden Schriften notwendig. Die Gepflogenheit der EÜ, oft sehr frei zu übersetzen, bereitet dabei einige Schwierigkeiten. An den gravierendsten Stellen werden daher in Klammertexten Korrekturen angebracht. Für einen exakten literarischen Vergleich sei im übrigen auf die Tabellen bei W. Wrede 4–28 (griechisch) und W. Marxsen 19–26 (deutsch) verwiesen. Der Einfachheit halber werden in der folgenden Kommentierung die beiden Briefe durchgehend mit I und II zitiert.

LITERATURHINWEISE

Kommentare zum zweiten Thessalonicherbrief: A. Schulz, Auslegung des 2. Thessalonicherbriefes, in: BiLe 8 (1967) 33–42.110–120.179–185.256–264; W. Trilling, Der zweite Brief an die Thessalonicher (EKK XIV), Zürich/Einsiedeln/Köln/Neukirchen-Vluyn 1980; W. Marxsen, Der zweite Thessalonicherbrief (ZBK), Zürich 1982.

Untersuchungen: O. Betz, Der Katechon, in: NTSt 9 (1962/63) 276–291; W. Bousset, Der Antichrist in der Überlieferung des Judentums, des Neuen Testaments und der alten Kirche, Göttingen 1895; H. Braun, Zur nachpaulinischen Herkunft des zweiten Thessalonicherbriefes, in: ZNW 44 (1952/53) 152–156; G. Dautzenberg, Theologie und Seelsorge aus Paulinischer Tradition. Einführung in 2 Thess, Kol, Eph, in: Gestalt und Anspruch des Neuen Testaments (hrsg. v. J. Schreiner), Würzburg 1969, 96–119; J. Ernst, Die eschatologischen Gegenspieler in den Schriften des Neuen Testaments (BU 3), Regensburg 1967, 24–79; A. v. Harnack, Das Problem des zweiten Thessalonicherbriefs, in: SAB 1910, Berlin 1910, 560–578; A. Lindemann, Zum Abfassungszweck des zweiten Thessalonicherbriefs, in: ZNW 68 (1977) 35–47; J. Schmid, Der Antichrist und die hemmende Macht (2 Thess 2,1–12), in: ThQ 129 (1949) 323–343; E. Schweizer, Zum Problem des zweiten Thessalonicherbriefes, in: ThZ 2 (1946) 74–75; A. Strobel, Untersuchungen zum eschatologischen Verzögerungsproblem aufgrund der spätjüdisch-urchristlichen Geschichte von Habakuk 2,2ff (NT. S II), Leiden/Köln 1961, 194–198; W. Trilling, Untersuchungen zum 2. Thessalonicherbrief (EThSt 27), Leipzig 1972; W. Wrede, Die Echtheit des zweiten Thessalonicherbriefes (TU NF 9,2), Leipzig 1903.

ANSCHRIFT UND GRUSS: 1 1–2

1 1 Paulus, Silvanus und Timotheus an die Gemeinde von Thessalonich, 1 Thess 1 1
die in Gott, unserem Vater, und in Jesus Christus, dem Herrn, ist: Röm 1 7
2 Gnade sei mit euch und Friede von Gott, dem Vater, und dem
Herrn Jesus Christus.

DIE SORGE DES APOSTELS UM DIE GEMEINDE: 1 3–12

Die Bedrängnis der Thessalonicher und das gerechte Gericht Gottes: 1 3–10

3 Wir müssen Gott euretwegen immer danken, Brüder, wie es recht 1 Thess 1 2
ist, denn euer Glaube wächst, und die gegenseitige Liebe nimmt bei

1 1f Das Präskript folgt wörtlich dem von I, die Besonderheiten eingeschlossen, mit denen sich I 1 1 von den übrigen Paulusbriefen abhebt. Es liegt also eine Übereinstimmung zwischen beiden Präskripten vor, wie sich solches in Texten der Paulusbriefe nirgends mehr wiederholt. Mit der Gebundenheit an die Briefform ist das nicht zu erklären, sondern nur mit literarischer Abhängigkeit. Denn Paulus geht mit der Form des antiken Briefpräskripts je nach Abfassungs- und Gemeindesituation sonst immer überaus flexibel um. Hinzu kommt aber noch eine bezeichnende Erweiterung gegenüber I. Während Paulus den Segenswunsch des Briefeingangs sonst immer mit der Formel »von Gott, (unserem) Vater, und dem Herrn Jesus Christus« verbindet, fehlt diese in I, steht aber in II 1 2, und damit in diesem Präskript zweimal mit je anderer Bedeutung. Man muß daraus folgern, daß der Verfasser von II neben I noch weitere Paulusbriefe gekannt hat. Er gibt also seinem Präskript nicht nur das Gepräge eines Briefes »an die Thessalonicher«, sondern zusätzlich und verstärkend noch ein typisch paulinisches Gepräge. M. a. W.: Er will mit dieser Form des Präskripts den Eindruck eines echten Paulusbriefs »an die Thessalonicher« erwecken.

1 3–12 Im Griechischen bildet der Abschnitt einen einzigen, stilistisch überladen wirkenden Satz, wohl das üppigste Satzgebilde im ganzen Neuen Testament. Formal gesehen ist der Autor bemüht, seinem Schreiben eine Danksagung (Proömium) in Anlehnung an I 1 2–10 voranzustellen. Dem fügt er aber mit der kleinen Apokalypse über »das gerechte Gericht Gottes« in 5–10 sein Eigenes ein, mit dem er zugleich sein Hauptanliegen in 2 1–12 vorbereitet. Er kleidet damit seine eigene Aussage in das Gewand eines paulinischen Proömiums. Wenn daher EÜ den Text 1 11.12 mit eigener Überschrift abtrennt, mag das zwar der Übersichtlichkeit dienen, aber zugleich wird damit die Struktur von 1 3–12 samt pseudepigraphischer Intention verwischt.

1 3f Die Einleitung der Danksagung knüpft deutlich an I 1 2 an. Allerdings ist »wir danken« jetzt charakteristisch für II (2 13) erweitert zu »wir schulden es, zu danken« (so wörtlich) mit einem angehängten »wie es

Mk 4^{17} $^{5-10}$; Röm 2^{6-11}; Phil 1^{28}

euch allen zu. [4] Wir können in den Gemeinden Gottes mit Stolz auf euch hinweisen, weil ihr im Glauben standhaft bleibt bei aller Verfolgung und Bedrängnis, die ihr zu ertragen habt. [5] Dies ist ein Anzeichen des gerechten Gerichtes Gottes; ihr sollt ja des Reiches Gottes

1^{4} Wörtlich: »so daß wir selbst uns euer rühmen in den Gemeinden Gottes wegen eurer Ausdauer und Treue« (*pistis* hat an dieser Stelle nicht die Bedeutung von »Glaube«, sondern von »Treue«).

recht ist«. Durch diese Umformulierung ist nicht mehr vom Dank des Autors für die Gemeinde die Rede, sondern ganz allgemein von der Christenpflicht des Dankes Gott gegenüber. M.a.W.: Aus der apostolischen Danksagung ist eine Belehrung über eine Lebensregel für Christen geworden: »Gott danken gehört sich.« Der Verfasser läßt also gleichsam den Paulus zu Wort kommen, der mit seinem Danken Gott gegenüber für die Nachwelt schon zum guten Beispiel geworden ist. In dem für II typischen überquellenden Stil (EÜ glättet diese Eigentümlichkeit des II gegenüber I hier und öfters in sehr freier Übersetzung) wird als Grund für das Danken in Anknüpfung an I 1^{3} Glaube und Liebe genannt. Die Hoffnung erörtert der Autor dann, ohne sie verbaliter zu nennen, in ^{4} bzw. $^{5-10}$ in dem ihm eigenen Verständnis. Wie schon der unkonkrete, fast möchte man sagen, liturgisch überschwengliche Stil verrät, zielt das Lob weniger auf die Adressaten, vielmehr gehört es zu der allgemeinen christlichen Lebensregel vom »rechten gebührenden Dank gegen Gott«: Zu diesem Dank ist überall Grund vorhanden, wo eine Gemeinde in Glaube und Liebe lebendig ist (vgl. Marxsen 64).

Mit einem »so daß« (EÜ setzt neu ein mit einem Hauptsatz) nimmt ^{4} eine Aussage aus I 1^{7f} auf. Während nun aber Paulus in I davon redet, wie sich die Kunde vom Glaubensstand der Thessalonicher in einer Weise herumspricht, daß er selber gar nicht darauf eingehen muß, begegnen wir in II einem Paulus, der sich seiner Gemeinde bei anderen Gemeinden rühmt. Dieses »peinliche Selbstlob«, wie die Kommentare die Stelle meist qualifizieren, erklärt sich ungezwungen aus der Perspektive des Pseudo-Paulus von II. Er läßt Paulus so sprechen, wie er in nachpaulinischer Zeit in der Paulus-Vita und -Legende weiterlebt, ohne daß man vielleicht seine Theologie noch umfassend verstanden hat: der große Missionar und Gemeindegründer, also »ein typisiertes Paulusbild« (Trilling 46). »Eure Ausdauer und Treue« (EÜ sehr paraphrasierend) als Grund des apostolischen Rühmens interpretiert die paulinische »Hoffnung«, das dritte Glied der Trias I 1^{3}. Die wie nebenbei und generalisierend erwähnten »Verfolgungen und Bedrängnisse, die ihr aushaltet« zeugen weniger von einer konkreten Verfolgungssituation als vielmehr von solchen Erfahrungen in den frühchristlichen Gemeinden ganz allgemein.

1^{5-10} Thema der sprachlich und theologisch von I unabhängigen kleinen Apokalypse $^{5-10}$ ist das gerechte Gericht. In ^{7} liegt eine merkliche sachliche Zäsur vor: Während $^{5-7a}$ vom gerechten Gericht Gottes spricht, ist von ^{7b} an vermittelt die Rede vom Vergeltungsgericht des Kyrios Jesus bei seinem Kommen vom Himmel her. Die ausschließliche Betonung der Zukünftigkeit im Sinn des künf-

teilhaftig werden, für das ihr leidet. 6 Denn es entspricht der Gerech-
tigkeit Gottes, denen mit Bedrängnis zu vergelten, die euch bedrän-
gen, 7 euch aber, den Bedrängten, zusammen mit uns Ruhe zu schen- 1 Thess 3^{13};
ken, wenn Jesus, der Herr, sich vom Himmel her offenbart mit seinen 4^{16}
mächtigen Engeln 8 in loderndem Feuer. Dann übt er Vergeltung an Ex 3^{2};
denen, die Gott nicht kennen und dem Evangelium Jesu, unseres Jes $66^{4.15}$;
Herrn, nicht gehorchen. 9 *Fern vom Angesicht des Herrn und von sei-* Jer 10^{25}; Ps 79^{6}
ner Macht und Herrlichkeit müssen sie sein, mit ewigem Verderben Jes $2^{10.19.21}$

1^{7} »mit seinen mächtigen Engeln«, wörtlich: »mit den Engeln seiner Macht«.

1^{9} Wörtlich: »welche als Strafe leiden werden ewiges Verderben (ausgehend) vom Angesicht des Kyrios und vom Glanz seiner Stärke«.

tigen Vergeltungsgerichts in dieser Eschatologie signalisiert eine wesentliche Abweichung gegenüber Paulus (vgl. I 5^{1-11}). Zeit ist jetzt nicht mehr die vom eschatologischen Christusheil schon gezeichnete »Zwischenzeit«, sondern lediglich noch auszuhaltende alte Weltzeit. Das paulinische Verständnis von »Hoffnung« ist daher auch reduziert auf »Ausdauer und Treue«. Diese ganze Konzeption verrät die Rückkehr zum Zeit- und Weltverständnis der alttestamentlich-jüdischen Apokalyptik. »Christlich« ist daran eigentlich nur noch, daß das Vergeltungsgericht nicht nur Gott, sondern auch dem Kyrios zugeschrieben wird.

1^{5-7a} Die Ausführungen sind am strengen Vergeltungsgedanken orientiert, wie er im Alten Testament und im Frühjudentum zu Hause ist. Unter diesem Vorzeichen können die (ungerechten!) Leiden der Christen als »ein Anzeichen des gerechten Gerichtes Gottes« eingestuft werden. Denn auf dem Boden des Vergeltungs»dogmas« ist gewährleistet, daß Gott die Dinge dereinst umkehren wird. Streng parallel wird demnach den Bedrängern Bedrängnis zufallen und den jetzt Bedrängten »Entspannung«, »Befreiung« vom Druck (»Ruhe« – so EÜ – ist die schlechteste der möglichen Übersetzungen von *anesis*). Wenn sich in diesem Rahmen der »Paulus« des II mit der Wendung »zusammen mit uns« mit den Adressaten zusammenschließt, dann interpretiert er damit seine Apostel-Leiden jetzt im Kontext des Vergeltungsgerichts und nicht mehr wie in den authentischen Paulusbriefen christologisch. Der Paulus, der in II 1^{7} im Verein mit seinen Lesern vom Vergeltungsgericht »Entspannung« vom jetzigen Leidensdruck erhofft, das ist der Paulus, der in der Erinnerung der Nachwelt schon zum Vorbild für Leidensausdauer geworden ist.

1^{7b-10} Der zweite Teil der Apokalypse $^{5-10}$ wiederholt im Grunde genommen den Gedanken des ersten, jedoch »verchristlicht«. Der Vollstrecker des gerechten Gerichts ist jetzt der Kyrios Jesus, und das Vergeltungsgericht hat jetzt einen Termin; denn es fällt zusammen mit dem Offenbarwerden des Kyrios vom Himmel her. »Offenbarung« (^{7b}; in EÜ mit einem Wenn-Satz wiedergegeben) ist hier identisch mit der Parusie, also rein zukünftiges Geschehen (anders Röm 1^{17} Gal 3^{23} 1 Kor 2^{10}). Sie wird sich unter den Zeichen alttestamentlicher Gottesprädikate ereignen: »vom Himmel her«,

Jes $2^{11.17}$; werden sie bestraft, 10 wenn er an jenem Tag kommt, um inmitten sei-
Ps 89^{8} ner Heiligen gefeiert und im Kreis aller derer bewundert zu werden,
die den Glauben angenommen haben; auch bei euch hat ja unser
Zeugnis Glauben gefunden.

Fürbitte des Apostels: 1^{11-12}

11 Darum beten wir auch immer für euch, daß unser Gott euch eurer
Berufung würdig mache und in seiner Macht allen Willen zum Guten
Jes 24^{15} und jedes Werk des Glaubens vollende. 12 So soll der Name Jesu, un-
66^{5}; seres Herrn, in euch verherrlicht werden und ihr in ihm, durch die
Mal 1^{11} Gnade unseres Gottes und Herrn Jesus Christus.

»mit seinen mächtigen Engeln« und »in loderndem Feuer« (s. Randverweise zum Text). Das Gericht, zu dem der Kyrios erscheint, gilt denen, »die Gott nicht kennen« (vgl. I 4^{5}), und das ist für II identisch mit: »dem Evangelium nicht gehorchen« (^{8}). Im Kontext von II und seiner kirchengeschichtlichen Epoche ist der Evangeliumsbegriff dabei schon verfestigt im Sinn von »wahre christliche Lehre« ($2^{10.12.13}$; vgl. dagegen z.B. Röm 1^{16}), die man in der »Überlieferung« (2^{15} 3^{6}) weitergibt. »Dem Evangelium gehorchen« ist daher identisch mit dem Annehmen und Befolgen der wahren Lehre. Die Vorstellung von der richtenden Wirkung, die für die Ungehorsamen vom Angesicht des offenbar werdenden Kyrios ausgeht (^{9}), knüpft mit dem Zitat Jes 2^{10} (vgl. 2^{19-21}) an die Schilderung alttestamentlicher Gerichtstheophanien an (EÜ übersetzt das griechische *apó* an dieser Stelle unzutreffend mit »fern vom Angesicht« statt »ausgehend vom«).

In ^{10} wird nun gesagt, wo die »Glaubenden« (EÜ löst das Partizip umständlich auf), identisch mit den »Heiligen«, in diesem Enddrama stehen werden, »wenn er kommt«. Im Mittelpunkt steht zunächst auch hier der Kyrios im Triumph des nun offenbaren gerechten Gerichts. Sein Bild wird wiederum unter Anspielung auf alttestamentliche Stellen gezeichnet, die sich dort natürlich auf Jahwe beziehen. Die Glaubenden sind in die Herrlichkeit des Kyrios in der Durchsetzung seines gerechten Gerichts insofern miteinbezogen, als dieser richtende Kyrios die Bestätigung ihrer Ausdauer und Treue durch Verfolgungen und Bedrängnisse hindurch ist (^{4b}). Mit der unvermittelten direkten Anrede in der Parenthese (^{10b}; in EÜ nicht als solche wiedergegeben): »denn geglaubt wurde unser Zeugnis bei euch«, gibt der Autor die paränetische Zielrichtung seiner Apokalypse zu erkennen. Der Pseudo-Paulus des II will seine Leser darauf verweisen, wohin das Festhalten am apostolischen Zeugnis führt: zu dem »Ort«, den die Glaubenden in dem apokalyptischen Gemälde vom triumphierenden Kyrios einnehmen.

1^{11f} Mit losem relativem Satzanschluß (EÜ macht nicht nur einen Punkt, sondern auch noch eine neue Überschrift) führt der Autor jetzt die Danksagung von ^{3f} fort und greift aus seiner Vorlage I 1^{2-10} das Moment des Gebetsgedenkens auf (I $1^{2.3}$). Im ersten Teil zielt die Bitte darauf, »daß unser Gott euch eurer Berufung würdig mache«. Das ist nun gewiß nicht die Berufung, die

DIE CHRISTLICHE HOFFNUNG UND DER TAG DES HERRN: 2^{1-17}

Die Zeichen der Endzeit: 2^{1-12}

2^{1} Brüder, wir schreiben euch über die Ankunft Jesu Christi, unseres $^{1-12}$:
Herrn, und unsere Vereinigung mit ihm und bitten euch: ^{2} Laßt euch 1 Thess 4^{13-17}
nicht so schnell aus der Fassung bringen und in Schrecken jagen,
wenn in einem prophetischen Wort oder einer Rede oder in einem ^{15}; 3^{17}
Brief, der angeblich von uns stammt, behauptet wird, der Tag des
Herrn sei schon da. ^{3} Laßt euch durch niemand und auf keine Weise

2^{1} Wörtlich: »Wir bitten euch aber, Brüder, hinsichtlich der Parusie unseres Kyrios Jesus Christus und unserer Zusammenführung mit ihm«.

Paulus meint, die sich geschenkhaft anereignet in der Verkündigung des Evangeliums (vgl. I 1^{4}), sondern hier ist von einer rein zukünftigen Berufung die Rede – gemeint ist beim Gericht –, zu der sich der Mensch mit Gottes Hilfe würdig machen muß. Ähnlich hebt der zweite Teil der Bitte ^{11b} auf einen Glauben ab, der zur Tat wird und mit Gottes Hilfe das Vollmaß erreicht, das erforderlich ist angesichts der noch ausstehenden Realisierung der Berufung. Im Ganzen also auch hier eine Eschatologie, die den Paulus der authentischen Briefe hinter sich gelassen hat!

2^{1-12} Mit diesem Abschnitt kommt der Verfasser zu seinem eigentlichen Anliegen. In $^{1-3a}$ gibt er zu verstehen, was ihn zu den folgenden Ausführungen veranlaßt: Unter den Adressaten kursiert eine Auffassung über die Nähe der Parusie, die zu erheblicher Unruhe führt. Dem stellt sich der Autor entgegen, indem er so etwas wie einen apokalyptischen Fahrplan entwirft. An ihm sollen die Adressaten ablesen können, daß es noch nicht soweit ist.

2^{1-3a} Einleitend wird als Thema genannt »die Ankunft Jesu Christi, unseres Herrn, und unsere Vereinigung mit ihm«. Damit gibt sich II betont paulinisch im Sinn des I. Denn »Ankunft Jesu« und »Vereinigung mit ihm« ist themenhafte Zusammenfassung von I 4^{13-18} (vgl. $4^{14.17}$). Für das Verständnis des pseudepigraphischen Verfahrens des Autors von II gilt es, diesen Sachverhalt zu beachten. Zur Bewältigung der Problematik, die offenkundig mit der Eschatologie des I zusammenhängt, tritt er als »Paulus« auf den Plan, um Paulus mit seiner Eschatologie von I zu negieren.

In ^{2} wird das Thema näher präzisiert. Es muß eine Parusie-Erwartung zurückgewiesen werden, die unter den Adressaten Verwirrung hervorgerufen hat. Der Autor gibt sie in Form einer Parole wieder, die so oder ähnlich unter den Adressaten kursierte: »Der Tag des Herrn ist da« (^{2b}). Daß es dabei um den sehr nahe geglaubten Termin der Parusie geht, erschließt sich aus der Gegenargumentation $^{3-12}$, die dieser Parole ein betontes »Noch-Nicht« entgegenstellt. Unter den Adressaten beruft man sich für die aufgekommene Parusie-Parole auf »prophetisches Wort, Rede und Brief«. Die angehängte Bemerkung »angeblich von uns« bezieht sich sicher auf »Brief«, vielleicht auch auf »Wort«. Damit verrät der Autor von II sein Wissen um die

1 Tim 4^1; 1 Joh 2^{18}; 4^3 Dan 11^{36}; Ez28^2

täuschen! Denn zuerst muß der Abfall von Gott kommen und der Mensch der Gesetzwidrigkeit erscheinen, der Sohn des Verderbens, [4] der Widersacher, der sich über alles, was Gott oder Heiligtum heißt, so sehr erhebt, daß er sich sogar in den Tempel Gottes setzt und sich als Gott ausgibt. [5] Erinnert ihr euch nicht, daß ich euch dies schon gesagt habe, als ich bei euch war? [6] Ihr wißt auch, was ihn jetzt noch zu-

2^6 »Ihr wißt auch, was ihn jetzt noch zurückhält«, wörtlich: »Und jetzt wißt ihr um das Aufhaltende« bzw. ^{7b}: »der bis jetzt Aufhaltende« als Größe der apokalyptischen Spekulation.

Bedeutung, die I in der Parusie-Problematik spielt, die er bei seinen Adressaten zu bewältigen hat. Es spricht daher alles dafür, daß er bei »Brief« konkret an I denkt. Das heißt aber dann, daß er Paulus sagen läßt: Für die Gerüchte von der anbrechenden Parusie kann man sich nicht auf einen angeblichen Brief von uns – gemeint ist I! – berufen. Unsere Briefe sind an ihrem Echtheitszeichen zu erkennen, muß man aus 3^{17} hinzufügen. Der Pseudo-Paulus des II rückt damit I ins Zwielicht der Fälschung und hat somit den Weg frei, in seinem »echten« Thessalonicherbrief die problematisch gewordene Eschatologie des I durch die »echte« paulinische Eschatologie zu ersetzen. Mit dem »Wort, angeblich von uns« verfährt der Autor ganz ähnlich (vgl. 2^5).

2^{3b-7} Als erstes, woran die Leser die Unrichtigkeit der Behauptung vom schon hereinbrechenden Ende erkennen sollen, nennt der Autor das Ereignis der großen endzeitlichen »Apostasie« und das Offenbarwerden des »Menschen der Gesetzwidrigkeit«. Beides ist noch nicht eingetreten, wie ja jeder sieht. Also kann die Parusie, der diese Ereignisse vorangehen, noch nicht angebrochen sein. Nur auf dieses »Noch-Nicht« kommt es dem Verfasser an, d. h. auf einen möglichst weit ins Unbestimmte hinausgeschobenen Termin, nicht aber darauf, apokalyptische Neugier zu nähren, die glaubt, mit dem Mittel der »richtigen« Geschichtsdeutung das Ende errechnen zu können. Zur Erreichung seines Zieles schöpft der Autor, um seine apokalyptischen Adressaten mit ihren eigenen Waffen zu schlagen, offenkundig so sehr aus der Requisitenkammer apokalyptischer Tradition, daß sich jeder Versuch einer historischen oder zeitlichen Konkretisierung einfach verbietet. Das gilt für die Vorstellung von einer endzeitlichen Apostasie ebenso (vgl. Dan 11^{32} Mt 24^{10} 1 Tim 4^{1-5}) wie für die von einem endzeitlichen Widergott (vgl. Dan 11^{36}), von dem man, bildlich gesprochen, sagen kann, er lasse sich am Ort Gottes, d. h. im Tempel nieder.

Mit der fast beschwörenden Erinnerung an die mündliche Verkündigung ^{5} ist der »Paulus« des II bemüht, solcher Eschatologie pseudepigraphisch den Stempel einer gängigen paulinischen Lehr- und Verkündigungstradition aufzuprägen, um dann in ^{6f} der Parusie ein weiteres endzeitliches Ereignis bzw. Phänomen vorzuschalten, »das Zurückhaltende« bzw. »der Zurückhaltende«. Gemeint ist mit diesen beiden Partizipien eine Macht bzw. eine personale Gestalt, die das Offenbarwerden des »Menschen der Gesetzwidrigkeit« noch aufhält. Der

rückhält, damit er erst zur festgesetzten Zeit offenbar wird. 7 Denn
die geheime Macht der Gesetzwidrigkeit ist schon am Werk; nur muß
erst der beseitigt werden, der sie bis jetzt noch zurückhält. 8 Dann
wird der gesetzwidrige Mensch allen sichtbar werden. Jesus, der
Herr, wird ihn *durch den Hauch seines Mundes töten* und durch seine Jes 11[4];
Ankunft und Erscheinung vernichten. 9 Der Gesetzwidrige aber wird, Ijob 4[9];
wenn er kommt, die Kraft des Satans haben. Er wird mit großer Offb 19[15]
Macht auftreten und trügerische Zeichen und Wunder tun. 10 Er wird Mt 24[24]

2[7a] »die geheime Macht der Gesetzwidrigkeit«, wörtlich: »das Mysterium der Gesetzwidrigkeit«.
2[8] »der gesetzwidrige Mensch«, wörtlich: »der Gesetzwidrige« als apokalyptische Gestalt.
2[9] »wenn er kommt«, wörtlich: »seine Parusie«.

Autor kann sich dafür auf ein Wissen seiner Leser berufen: »Und *jetzt* wißt ihr...« ([6a]). Mit [5] zusammengelesen heißt das: »Im Unterschied zu damals, als ich bei euch war, wißt ihr jetzt um das Phänomen der aufhaltenden Macht.« Aus der Perspektive des pseudepigraphischen Autors wird damit folgendes gesagt: Es hat sich in der Zeitspanne zwischen dem historischen Paulus und dem »Paulus« des II zur Erklärung der immer noch ausgebliebenen Parusie die Anschauung von einer aufhaltenden Macht entwickelt, deren sich Gott bis zur »festgesetzten Zeit« ([6b]) bedient (vgl. Marxsen. Mit der freien Wiedergabe »Ihr wißt *auch*« hat EÜ den Sinn der Stelle nicht erfaßt). Der Autor des II knüpft an diese Anschauung an und macht sie zum Argument, mit dem er wie schon in [3f] den Termin der Parusie möglichst ins Unbestimmte hinausrücken möchte. Er läßt ja auch im dunkeln, wer »den Aufhaltenden« beseitigen wird ([7b]). Dennoch wird zugleich auch gesagt, daß die »Ungesetzlichkeit schon am Werk« sei, und zwar als »Mysterium«, d.h. für Eingeweihte erkennbar ([7a]). Der Glaubende, der die Zeichen der Zeit zu deuten weiß, erkennt und erfährt, daß und wo das Widergöttliche schon immer am Werk ist. Hier kommt zum Vorschein, daß der Verfasser bei seinem Argumentieren mit apokalyptischen Größen, die dem apokalyptisch Neugierigen mehr verschleiern als enthüllen, primär die Standortbestimmung des Glaubens in der Gegenwart, nicht aber die Standortbestimmung in einem historisch-chronologischen Zeitablauf aufs Ende hin im Sinn hat. Die Fortsetzung macht dies augenfällig.

2[8-12] Die Schilderung des endzeitlichen Auftretens der widergöttlichen Gestalt geschieht so, daß daraus eine Paränese für die Gegenwart wird. Denn die Benennung des Wider-Gotts als »der Gesetzlose« stellt den Zusammenhang her zur jetzt schon erfahrbaren und wahrnehmbaren Macht der »Gesetzlosigkeit« ([7a]), und die endzeitliche Verführung wird sich in dem ereignen, was die Leser jetzt schon selber zutiefst angeht, in der »Liebe zur Wahrheit« ([10b]), »Wahrheit« für II identisch mit »Evangelium« oder »Überlieferung« oder »Lehre«.

So wie die widergöttliche Gestalt in [9] gezeichnet wird, trägt sie deutliche Züge als Gegenspieler des Christus, auch wenn die Bezeichnung »Anti-

alle, die verlorengehen, betrügen und zur Ungerechtigkeit verführen;
sie gehen verloren, weil sie sich der Liebe zur Wahrheit verschlossen
Röm 1^{28}; haben, durch die sie gerettet werden sollten. [11] Darum läßt Gott sie
2 Tim 4^{4} der Macht des Irrtums verfallen, so daß sie der Lüge glauben; [12] denn
alle müssen gerichtet werden, die nicht der Wahrheit geglaubt, son-
dern die Ungerechtigkeit geliebt haben.

Ermutigung der Gläubigen: 2^{13-15}

1 Thess 1^{2}; [13] Wir müssen Gott zu jeder Zeit euretwegen danken, vom Herrn ge-
2^{13} liebte Brüder, weil Gott euch als Erstlingsgabe dazu auserwählt hat,
Dtn 33^{12} aufgrund der Heiligung durch den Geist und aufgrund eures Glau-

2^{11} Wörtlich: »Und deshalb schickt ihnen Gott die Wirkkraft des Irrtums«.

christ« nicht fällt: Das In-Erscheinung-Treten des Gesetzlosen wird »Parusie« genannt. »Zeichen und Wunder« als messianische Legitimation sind in ihr Gegenteil pervertiert zur satanischen Legitimation. Diese andere Parusie gipfelt in der Macht der »Verführung zur Ungerechtigkeit« (^{10a}), im Kontext von $^{10-12}$ das Gegenstück zur »Wahrheit«, d. h. im Verständnis des II das Gegenstück zu »Evangelium«, zur »christlichen Lehre«, insofern sie aufs Ethische zielt. Wer verlorengeht im Sog der endzeitlichen Verführungsmacht, der geht verloren, weil er sich im »Jetzt« verführen läßt. Denn »der Liebe zur Wahrheit sich verschließen« (^{10b}) kann sich jetzt schon und überall ereignen, weil ja diese Macht der Gesetzlosigkeit schon am Werk ist (^{7a}). Das dem-Irrtum-Anhangen und das der-Lüge-Verfalleinsein – immer im Gegensatz zu »Wahrheit« im Sinn von II – ist eine Konsequenz davon, in der sich jetzt schon das Gericht Gottes vollstreckt (^{11f} vgl. Röm 1^{28}). Der Verfasser redet von der eschatologischen Zukunft also ganz im Interesse der Gegenwart der Adressaten.

Mit den verschiedenen Antichrist-Spekulationen im Lauf der Christentumsgeschichte hat unser Text eine Wirkungsgeschichte hervorgebracht (vgl. Trilling 95–101 und 105–109), die seiner ursprünglichen Intention geradezu zuwiderläuft. Das konnte deshalb geschehen, weil eine entsprechende Auslegung ihre ganze Aufmerksamkeit und apokalyptische Neugier lediglich auf den apokalyptischen Fahrplan in 2^{3b-12} gerichtet hat, ohne seiner Einbindung in eine paränetische Zielsetzung zu achten, mit der den Adressaten Glaubenshilfe für die Gegenwart geboten werden sollte. Stets neuer geschichtsdeutender apokalyptischer Spekulation mit den geheimnisvollen Daten und Größen unseres Abschnitts – vom Verfasser selbst nur als Chiffren verwendet – mußte und muß so Tür und Tor geöffnet sein. Geht man den Text aber von seiner auf die Gegenwart der Leser zielenden Intention her an, dann bleibt er trotz seiner intensiven apokalyptischen Einfärbung auch heute verkündbar.

2^{13}–3^{5} Der Abschnitt bietet ein Vielerlei teils unzusammenhängender und lose aneinandergefügter Gedanken. Da aber mit 3^{6-15} nach 2^{1-12} wieder ein thematisch geschlossener Abschnitt folgt, sollte man im Unterschied zu EÜ den ganzen Teil 2^{13}–3^{5}

bens an die Wahrheit gerettet zu werden. 14 Dazu hat er euch durch 1 Thes 4^7; 5^9
unser Evangelium berufen; ihr sollt nämlich die Herrlichkeit Jesu
Christi, unseres Herrn, erlangen. 15 Seid also standhaft, Brüder, und
haltet an den Überlieferungen fest, in denen wir euch unterwiesen ha- 1 Kor 11^2;
ben, sei es mündlich, sei es durch einen Brief. 2 Thess 3^6

Segenswunsch des Apostels: 2^{16-17}

16 Jesus Christus aber, unser Herr, und Gott, unser Vater, der uns 1 Thess 3^{11-13}
seine Liebe zugewandt und uns in seiner Gnade ewigen Trost und si-

als Zwischenstück verstehen. Für das Verständnis des Textes ist seine überaus starke Anlehnung an I zu beachten. Das betrifft vor allem den schon für I problematischen Briefaufriß mit erneuter Danksagung (I 2^{13} II 2^{13}) und zahlreiche Begriffe und Wendungen, die verstreut aus dem ganzen I entnommen sind. Mehr als auf den Inhalt kommt es dem Autor jetzt darauf an, mit seinem Schreiben für seine Adressaten »Paulus« zu sein, d.h. natürlich vor allem mit 2^{1-12}. Für die Auslegung ist es einigermaßen mühsam, die aus dem Kontext gerissenen paulinischen Begriffe und Wendungen im neuen Kontext von II zu exegesieren, weil es einen thematischen Zusammenhang in 2^{13}–3^5 kaum gibt.

2^{13-15} Der Autor nimmt aus $^{10-12}$ das Thema »Glaube an die Wahrheit« bzw. »Liebe zur Wahrheit« auf, um in Gegenüberstellung mit denen, die sich der »Wahrheit« verweigern und daher verlorengehen, den Adressaten ihren Heilsstatus der Erwählung vor Augen zu führen. Theologisch vom paulinischen Erwählungsverständnis abweichend (vgl. I 1^{4f} 5^{4-10}) ist hier die Erwählung »zur Rettung« (EÜ löst zu einem Nebensatz auf) eine, die sich erst am Ende der Zeiten realisieren wird (vgl. 1^{11f}). Mit den Wendungen »in Heiligung durch den Geist« (vgl I 4^7) und besonders »durch Glaube an die Wahrheit« bekundet II eine ziemlich lehrmäßig feste Vorstellung davon, wie seine Adressaten auf die endzeitliche Rettung hinzuwirken hätten. Gemeint ist letztlich das Annehmen und Festhalten der »wahren christlichen Lehre« und eine entsprechende Lebensgestaltung. Demgemäß kann der Autor dann auch die Feststellung von der Berufung »durch das Evangelium zur Erlangung der Herrlichkeit« *des* Kyrios Jesus (^{14} I 5^9: »zur Erlangung ... *durch*« den Kyrios Jesus) anschließend in den Imperativ kleiden, festzuhalten »an den Überlieferungen« (^{15}). Abweichend von paulinischer Soteriologie mit ihrem Primat der Geschenkhaftigkeit des Heils erscheint hier also Berufung nahezu identisch mit »festhalten an den Überlieferungen« und das Erreichen des eschatologischen Ziels betont als Frucht menschlicher Anstrengung. Anders auch als bei Paulus, der mit »Paradosis« immer nur in bezug auf Einzelüberlieferungen argumentiert (etwa 1 Kor 11^{23} 15^3), begreift der »Paulus« des II und seine kirchengeschichtliche Epoche das Evangelium, die Verkündigung insgesamt als Paradosis, als tradierbare kirchliche Lehre. Mit dem Zusatz »sei es durch ein Wort (EÜ: mündlich) oder einen Brief von uns« (^{15b}) wird pseudepigraphisch die Überlieferung gewordene Verkündigung apostolisch autorisiert.

chere Hoffnung geschenkt hat, 17 tröste euch und gebe euch Kraft zu jedem guten Werk und Wort.

ANWEISUNGEN AN DIE GEMEINDE: 3^{1-15}

Bitte um das Gebet der Gemeinde: 3^{1-5}

Kol 4^{3}; 3 1 Im übrigen, Brüder, betet für uns, damit das Wort des Herrn sich
1 Thess 5^{25} ausbreitet und verherrlicht wird, ebenso wie bei euch. 2 Betet auch
darum, daß wir vor den bösen und schlechten Menschen gerettet wer-
1 Kor 10^{13}; den; denn nicht alle nehmen den Glauben an. 3 Aber der Herr ist
1 Thess 5^{24} treu; er wird euch Kraft geben und euch vor dem Bösen bewahren.
4 Wir vertrauen im Herrn auf euch, daß ihr jetzt und auch in Zukunft
tut, was wir anordnen. 5 Der Herr richte euer Herz darauf, daß ihr
Gott liebt und unbeirrt auf Christus wartet.

2^{16f} Die Mahnung von 15 läßt der Verfasser jetzt in einen Gebetswunsch übergehen, der unverkennbar an I 3^{11-13} anschließt, wo Paulus Gebetswünsche äußert, die formal an einen Briefschluß erinnern. Damit ist dem Gerüst des II ein weiteres Bauelement hinzugefügt, das ihm im Sinn des I das Gepräge eines Paulusbriefes gibt. Ganz wie I 4^{1} macht II 3^{1} dann ebenfalls mit einem »übrigens« sprachlich eine Zäsur, mit der in I auch sachlich eine neue Thematik einsetzt. Der Pseudo-Paulus des II dagegen ist zunächst offensichtlich mit der formalen Übereinstimmung zufrieden und fährt wie seit 13 mit einem bunten Gemisch von Gebetswünschen, Bitten und Mahnungen bis 3^{5} fort, wobei er wieder etliche sprachliche Anleihen bei I macht.

3^{1-5} Die Bitte um das Gebet der Gemeinde für den Apostel (vgl. I 5^{25}) ist hier austauschbar eng verknüpft mit der Bitte um den Erfolg des Evangeliums (^{1f}). Denn der Paulus der Paulus-Vita, der hier wieder zu Wort kommt, steht typisiert für Evangeliumsverkündigung und ihr Schicksal schlechthin. So sind denn auch »die bösen und schlechten Menschen«, von denen die Bedrohung ausgeht, identisch mit den im begründenden Nachsatz ins Visier Genommenen: »denn nicht jedermanns (Sache) ist der Glaube« (^{2b}; EÜ formuliert frei). Das klingt wie ein allgemeingültiger Erfahrungssatz einer längeren kirchengeschichtlichen Epoche, die schon darum weiß, daß die Verkündigung auf Grenzen stößt. Nach dem allgemein gehaltenen Gebetswunsch (^{3}; vgl. I 5^{24} II 2^{17}) dringt der Autor ohne erkennbaren Zusammenhang, wieder in Form einer Gebetsbitte, auf Gehorsam gegenüber seinen Anordnungen (^{4}; sprachlich vgl. I $4^{2.11}$). Die Intention ist eine generelle Geltendmachung apostolischer Autorität im Verständnis der nachapostolischen Zeit. Die Schlußbitte um »die Liebe zu Gott« und »die Geduld des Christus« 5 redet in ihrem zweiten Teil weder vom Warten auf die Parusie (gegen EÜ) noch von der vorbildhaften Geduld Jesu, sondern ganz allgemein vom Beharren im Christenstand, vom Durchhalten auf Christus hin.

Zurechtweisung der Müßiggänger: 3^{6-12}

6 Im Namen Jesu Christi, des Herrn, gebieten wir euch, Brüder: Hal- 1 Thess 5^{14}
tet euch von jedem Bruder fern, der ein unordentliches Leben führt
und sich nicht an die Überlieferung hält, die ihr von uns empfangen
habt. 7 Ihr selbst wißt, wie man uns nachahmen soll. Wir haben bei
euch kein unordentliches Leben geführt 8 und bei niemand unser Brot 1 Kor 11^{1}
umsonst gegessen; wir haben uns gemüht und geplagt, Tag und 1 Kor 4^{12};
Nacht haben wir gearbeitet, um keinem von euch zur Last zu fallen. 1 Thess 2^{9}

3^{6-15} Der Abschnitt wirkt wie ein Anhang zum Ganzen, und doch ist er neben 2^{1-12} das zweite, thematisch zusammenhängende Hauptstück. Sein Anliegen ist die Zurechtweisung derer, die »unordentlich leben« ($^{6.11}$). Im Verlauf der Ausführungen entpuppt sich diese Unordentlichkeit dann als ganz banale Arbeitsscheu. Denn ein Zusammenhang mit einer höheren Motivierung, etwa mit der in 2^{2} angeprangerten »Irrlehre«, ist nicht auszumachen und darf auch nicht gewaltsam hergestellt werden. Möglicherweise ist die Paränese 3^{6-15} überhaupt nicht konkret veranlaßt, sondern es handelt sich um eine immer und überall gültige Mahnung, die der Autor aus literarisch-pseudepigraphischem Interesse anfügt. Er gibt seinem Schreiben damit das Gepräge des I, der nach den briefschlußartigen Gebetswünschen 3^{11-13} ebenfalls mit dem paränetischen Briefteil einsetzt. II greift sprachlich jetzt denn auch wieder ganz massiv auf seine Vorlage zurück, wie die Auslegung sichtbar machen wird.

Der Abschnitt birgt eine sachliche Spannung. Die Maßnahme gegen die »Unordentlichen«, nämlich Meidung des Umgangs mit ihnen ($^{6.14}$), steht in keinem Verhältnis zu dem, was ihnen in ^{11} dann zur Last gelegt wird, nämlich ganz gewöhnliche Nichtstuerei. Andererseits fällt gerade in dem Zusammenhang, wo »Unordentlichkeit« als Arbeitsscheu konkretisiert erscheint, die Mahnung wesentlich milder aus, und es wird nicht mehr Ausschluß gefordert (^{11f}). Die Auslegung wird davon auszugehen haben, daß die »unordentlich Lebenden« und die Nichtstuer nicht von vornherein identisch sind, sondern daß mit den Unordentlichen generell diejenigen gemeint sind, die nicht im Sinn des II im Festhalten an der »Überlieferung« (^{6}; 2^{15}) oder im »Gehorchen dem Evangelium« (1^{8}) oder aus »Glaube und Liebe zur Wahrheit« ($2^{10.12.13}$) ihr Leben gestalten (vgl. Marxsen 99f).

3^{6-9} Mit dem Vokabular autoritativen Befehlens (vgl. $^{10.12}$) – bei Paulus nur spärlich verwendet: I 4^{11} 1 Kor 7^{10} 11^{17} –, mit der Christusformel zusätzlich unterstrichen, werden die Leser zum Abbruch des Umgangs mit den »unordentlich Lebenden« (vgl. I 5^{14}) aufgefordert, d.h. mit denen, die sich nicht an die überkommene apostolische »Überlieferung« halten. Hier redet wieder der Paulus des Paulusbildes der Nachwelt, dessen Verkündigung insgesamt – bei aller sachlich-theologischen Abweichung! – als verbindliche apostolische Paradosis begriffen wird. Auf diesem Hintergrund wird die strenge Maßnahme einer sich anbahnenden Kirchenzucht kirchengeschichtlich plausibel. Entsprechend kann sich dann auch in $^{7-9}$ der Paulus, wie er im Verständnis der Nachwelt weiterlebt, selbst als verpflichtende Parado-

Mt 10^{10}; 9 Nicht als hätten wir keinen Anspruch auf Unterhalt; wir wollten
1 Kor $9^{6.14}$; euch aber ein Beispiel geben, damit ihr uns nachahmen könnt.
Phil 3^{17} 10 Denn als wir bei euch waren, haben wir euch die Regel eingeprägt:
Wer nicht arbeiten will, soll auch nicht essen. 11 Wir hören aber, daß
einige von euch ein unordentliches Leben führen und alles mögliche
treiben, nur nicht arbeiten. 12 Wir ermahnen sie und gebieten ihnen
1 Thess 4^{11} im Namen Jesu Christi, des Herrn, in Ruhe ihrer Arbeit nachzugehen
und ihr selbstverdientes Brot zu essen.

Mahnung an alle: 3^{13-15}

13 Ihr aber, Brüder, werdet nicht müde, Gutes zu tun. 14 Wenn jemand
1 Kor $5^{9.11}$ auf unsere Mahnung in diesem Brief nicht hört, dann merkt ihn euch,

sis im Sinn eines Gegenbeispiels gegenüber den Unordentlichen hinstellen. Ohne I zu erwähnen, wird dabei fast wörtlich I 2^{9} zitiert (^{8b}), wo Paulus auf seine angestrengte Handarbeit verweist, die er um des Erfolgs der Evangeliumsverkündigung willen auf sich genommen hat. Wie allerdings aus den rahmenden Aussagen zu ^{8b} erhellt ($^{7a.9}$), versteht sich der arbeitende »Apostel« des II nur noch im ethischen Sinn eines guten Beispiels.

3^{10-12} Neben die verpflichtende Paradosis apostolischen Lebens tritt in ^{10} die ebenfalls zur verpflichtenden Paradosis gewordene mündliche Unterweisung des Apostels. Abweichend von I 4^{11f} mit der missionarischen Motivierung »wegen denen draußen« erschöpft sich nach II diese mündliche Unterweisung wiederum im rein Ethischen in einer Regel ehrbarer Handwerkermoral: »Wer nicht arbeiten will, soll auch nicht essen.« Man darf in der Hochschätzung, die unser Autor der Arbeit entgegenbringt, wohl so etwas sehen wie die Anfänge des christlichen Arbeitsethos, als solches ein Erbe vom jüdischen Mutterboden her. Für die Begründung eines spezifisch christlichen oder irgendwie religiösen Arbeitsethos gibt die Stelle jedoch kaum etwas her, auch wenn sie eine nicht unbedeutende Wirkungsgeschichte hat (vgl. Trilling 148 f). Diejenigen aus dem Adressatenkreis, die die erwähnte Regel angeht, werden erst jetzt identifiziert mit denen, die »unordentlich leben« (^{11}). Ihre Zurechtweisung fordert aber nicht wie ^{6} den Abbruch des Umgangs mit ihnen, sondern »befiehlt« lediglich, »daß sie, indem sie in Ruhe arbeiten, ihr eigenes Brot essen« (^{12}; vgl. I 4^{11}). Man wird also ^{6} doch nicht von ^{11f} her interpretieren und konkretisieren dürfen (s. Einleitung zu 3^{6-15}).

3^{13-15} Mit der Mahnung, »nicht zu ermüden, recht zu tun«, wendet sich der Autor wieder an alle Leser direkt. Vom Zusammenhang her ist »recht tun« als Gegensatz zu »unordentlich leben« im weiten Sinn von ^{6} zu verstehen, nicht aber in karitativem Sinn, wie EÜ mit der Übersetzung »Gutes tun« nahelegt. Die Fortsetzung ^{14} beschäftigt sich denn auch gleich wieder mit denen, die »unserem Wort durch den Brief« nicht gehorchen (EÜ ungenau). Das sind jetzt alle, die in umfassendem Sinn sich dem »Apostel«-Wort, wie es ihnen in diesem Schreiben entgegentritt, nicht fügen. Denn in der Wendung »unser Wort durch den Brief« ballt sich noch einmal das

und meidet den Umgang mit ihm, damit er sich schämt; [15] doch seht
ihn nicht als Feind an, sondern weist ihn als euren Bruder zurecht! Mt 18^{15-17}

DER SCHLUSS DES BRIEFES: 3^{16-18}

[16] Der Herr des Friedens aber schenke euch den Frieden zu jeder Zeit Röm 15^{33}
und auf jede Weise. Der Herr sei mit euch allen. [17] Den Gruß
schreibe ich, Paulus, eigenhändig. Das ist mein Zeichen in jedem 1 Kor 16^{21}
Brief; so schreibe ich. [18] Die Gnade Jesu Christi, unseres Herrn, sei Röm 16^{24}
mit euch allen!

ganze Traditionsverständnis und Apostolitätsprinzip der dritten Generation zusammen, der der Pseudo-Paulus des II angehört. Er fordert seinem Schreiben gegenüber Gehorsam in der Überzeugung, daß in ihm das Apostel-Wort verbindlich für die Gegenwart bewahrt ist. Das Problem, daß man es dabei mit einem »Paulus« zu tun bekommt, der in der Sache ziemlich umgemünzt ist, führt über die Aufgabe dieses Kommentars hinaus.

3^{16-18} Mit einem formelhaften Friedenswunsch rundet der Autor seine Paränese ab und leitet zugleich zum Briefschluß über. Gegenüber dem paulinischen »Gott des Friedens« (I 5^{23} Röm 15^{33} Phil 4^{9}) ist in der für II typischen Weise »Gott« durch »Kyrios« ersetzt. Der zweite Teil des Segenswunsches »der Herr sei mit euch allen« [16b] begegnet so bei Paulus nicht, sondern erstmals in II (vgl. noch 2 Tim 4^{22}). Er hat aber bis auf den heutigen Tag seinen festen Platz in der Liturgie. Die antike Briefsitte, einem diktierten Brief einen eigenhändigen Gruß anzufügen (vgl. 1 Kor 16^{21}), nutzt der Autor in [17] zu einer markanten und daher allerdings auch verräterischen Echtheitsbehauptung für sein Schreiben. Welche Funktion sie im Kontext seines gesamten pseudepigraphischen Bemühens hat, konnte wiederholt sichtbar gemacht werden. Der auch bei Paulus übliche Gnadenzuspruch schließt das Schreiben ab. Der Verfasser gibt sich noch einmal ganz paulinisch, indem er bis auf »allen« den Schlußwunsch aus I 5^{28} übernimmt.

ABKÜRZUNGEN

Alttestamentliche Bücher

Gen	Genesis
Ex	Exodus
Lev	Levitikus
Num	Numeri
Dtn	Deuteronomium
Jos	Josua
Ri	Richter
Rut	Rut
1 Sam	1 Samuel
2 Sam	2 Samuel
1 Kön	1 Könige
2 Kön	2 Könige
1 Chr	1 Chronik
2 Chr	2 Chronik
Esra	Esra
Neh	Nehemia
Tob	Tobit
Jdt	Judit
Est	Ester
1 Makk	1 Makkabäer
2 Makk	2 Makkabäer
Ijob	Ijob
Ps	Psalmen
Spr	Sprichwörter
Koh	Kohelet
Hld	Hoheslied
Weish	Weisheit
Sir	Jesus Sirach
Jes	Jesaja
Jer	Jeremia
Klgl	Klagelieder
Bar	Baruch
Ez	Ezechiel
Dan	Daniel
Hos	Hosea
Joël	Joël
Am	Amos
Obd	Obadja
Jona	Jona
Mi	Micha
Nah	Nahum
Hab	Habakuk
Zef	Zefanja
Hag	Haggai
Sach	Sacharja
Mal	Maleachi

Neutestamentliche Bücher

Mt	Matthäus
Mk	Markus
Lk	Lukas
Joh	Johannes
Apg	Apostelgeschichte
Röm	Römerbrief
1 Kor	1. Korintherbrief
2 Kor	2. Korintherbrief
Gal	Galaterbrief
Eph	Epheserbrief
Phil	Philipperbrief
Kol	Kolosserbrief
1 Thess	1. Thessalonicherbrief
2 Thess	2. Thessalonicherbrief
1 Tim	1. Timotheusbrief
2 Tim	2. Timotheusbrief
Tit	Titusbrief
Phlm	Philemonbrief
Hebr	Hebräerbrief
Jak	Jakobusbrief
1 Petr	1. Petrusbrief
2 Petr	2. Petrusbrief
1 Joh	1. Johannesbrief
2 Joh	2. Johannesbrief
3 Joh	3. Johannesbrief
Jud	Judasbrief
Offb	Offenbarung des Johannes

Sonstige Abkürzungen:

AT	Altes Testament
atl	alttestamentlich
E	Evangelist
EÜ	Einheitsübersetzung
Ev(v)	Evangelium(lien)
G	Septuaginta
gr	griechisch
Hs(s)	Handschrift(en)
joh	johanneisch
korr	korrigiert
LA	Lesart
lk	lukanisch
mt	matthäisch
mk	markinisch
NT	Neues Testament

ntl	neutestamentlich
Par	Parallele
par	parallele Stellen
Q	Spruchquelle
SQ	Semeia-Quelle
Syn	Synoptiker
syn	synoptisch
Übs(s)	Übersetzung(en)

Bei Randverweisen am Bibeltext:

‖	zeigt Parallelstellen an
+	gibt die Grundstelle oder Stellen an, wo wichtige Begriffe erläutert werden.
↗	verweist auf abhängige, insbesondere ntl Stellen.

Handbücher, Sammelwerke, Zeitschriften

ACJD	Abhandlungen zum christlich-jüdischen Dialog
AncB	Anchor bible
BBB	Bonner biblische Beiträge
BBE	Beiträge zur biblischen Exegese und Theologie
BEvTh	Beiträge zur evangelischen Theologie
BHTh	Beiträge zur historischen Theologie
BiLe	Bibel und Leben
BKV	Bibliothek der Kirchenväter
BNTC	Black's New Testament commentaries
BU	Biblische Untersuchungen
BWANT	Beiträge zur Wissenschaft des AT und NT
BZ	Biblische Zeitschrift
CNT (N)	Commentaire du Nouveau Testament. Neuchâtel
EKK	Evangelisch-katholischer Kommentar zum NT
EtB	Études bibliques
EThSt	Erfurter theologische Studien
FRLANT	Forschungen zur Religion und Literatur des AT und NT
FzB	Forschung zur Bibel
GeiS	Geistliche Schriftlesung
HNT	Handbuch zum NT
HThK	Herders theologischer Kommentar zum NT
HUTh	Hermeneutische Untersuchungen zur Theologie
ICC	International critical commentary
KEK	Kritisch-exegetischer Kommentar über das NT
LThK	Lexikon für Theologie und Kirche
MThSt	Marburger Theologische Studien
NTA	Neutestamentliche Abhandlungen
NTD	Das Neue Testament Deutsch
NT.S	Novum Testamentum.Suppl.
NTS	New testament studies
ÖTK	Ökumenischer Taschenbuch-Kommentar zum NT
RNT	Regensburger Neues Testament
SBM	Stuttgarter biblische Monographien
SBS	Stuttgarter Bibelstudien
StANT	Studien zum AT und NT
StNT	Studien zum NT
ThHK	Theologischer Handkommentar zum NT
ThF	Theologische Forschung
ThQ	Theologische Quartalschrift
ThR	Theologische Rundschau
ThWNT	Theologisches Wörterbuch zum NT
ThZ	Theologische Zeitschrift
TU	Texte und Untersuchungen zur Geschichte der altchristlichen Literatur
WUNT	Wissenschaftliche Untersuchungen zum NT
ZBK	Züricher Bibelkommentar
ZNW	Zeitschrift für die neutestamentliche Wissenschaft
ZThK	Zeitschrift für Theologie und Kirche

Bisher sind folgende Kommentare der »Neuen Echter Bibel« zum Neuen Testament erschienen:

Band 4
Joachim Gnilka, JOHANNESEVANGELIUM
164 Seiten, Broschur

Das Johannesevangelium bedarf wie keines der anderen Evangelien zum angemessenen Verstehen der Interpretation. Der Leser findet in diesem Kommentar in knapper Form eine Interpretation, wie sie den modernen Resultaten der Johannes-Forschung entspricht. Gleichzeitig werden wirkungsgeschichtliche Reflexionen als Hilfe für die Predigt und Meditation geboten.

Band 5:
Franz Mußner, APOSTELGESCHICHTE
136 Seiten, Broschur

Der Kommentar fragt u. a. nach den vorliegenden Traditionen, der Erzähltechnik, der Erzählintention, dem Paulusbild und dem Antijudaismus der Apostelgeschichte. Sie ist eine heilsgeschichtlich orientierte Missionschronik, die den allmählichen Ablösungsprozeß der Urkirche von Israel dokumentiert.

Band 6:
Rudolf Pesch, RÖMERBRIEF
112 Seiten, Broschur

Die Auslegung erschließt das theologische Vermächtnis des Apostels Paulus im Blick auf die Situation des Apostels einerseits, die seiner Adressaten andererseits. Die schwierigen Gedanken dieser »theologischen Summe« werden im historischen Zusammenhang verständlich aufgeschlüsselt und dem Leser nahegebracht. Eine exegetisch gediegene und systematisch-theologisch anregende Interpretation der zentralen neutestamentlichen Schrift wird vorgelegt.

Band 7:
Hans-Josef Klauck, 1. KORINTHERBRIEF
120 Seiten, Broschur

Der erste Korintherbrief ist ein in besonderem Maße situationsgebundenes und pastoral ausgerichtetes Schreiben. Dem trägt die Auslegung Rechnung, indem sie den Text konsequent rückbindet an das Interaktionsgeschehen zwischen Paulus und seiner Gemeinde. Dabei zeigt sich, daß gerade der strenge exegetische Zugriff überraschende Einsichten eröffnet, die zu aktualisierendem Weiterdenken einladen.

Band 9/11/15:
Wilhelm Egger, GALATERBRIEF, PHILIPPERBRIEF, PHILEMONBRIEF
88 Seiten, Broschur

Band 13:
Franz Laub, 1. und 2. THESSALONICHERBRIEF
60 Seiten, Broschur